你好 KOBE BRYANT

科比，
永不退场

段冉○著

典藏版

北京时代华文书局

KOBE BRYANT

科比·布莱恩特

永不退场！

谨以此书，纪念科比！

感恩，超百位媒体人的倾情推荐。

———段冉

我的徒弟段冉

文／张卫平　著名篮球评论员，中国男篮传奇球星

已经年过70岁的我，从未离开篮球事业，当教练也有几十年，但我手下从来都是只有球员，没有徒弟。在美国从事与NBA相关的工作中，我收了人生中的第一个也是最后一个徒弟，就是段冉。

其实所谓徒弟，也并没有那些拜师仪式，只因为我们两家是非常好的朋友，而且由于工作关系我经常与段冉一起出差，久而久之他称呼我师傅，我也就欣然接受。

其实，段冉在认识我之前就已经在这行里打拼了多年——从当年中国第1个驻美记者到后来回国解说比赛。当时的他还不是现在的"网红"段子手，但在我们篮球圈子里的口碑已经非常好了：他对篮球的了解、他的英文、中文表达能力以及对美国体育文化的熟悉，在中国篮球媒体界都达到了无人及其右的水准。

2006年至2009年，湖南经济电视台每周末有一场NBA直播，每周都要从北京请一位嘉宾过去解说。我是他们的第一人选，段冉则是我的"替补"。所以每周基本不是我飞，就是他飞，以至于我们俩对长沙的那些小吃都是那么的熟悉，经常一起讨论湖南省广电总局门口的牛肉粉是多么可口……

任何时候有人跟我提到段冉的名字，我的第一反应自然是我们俩一起出差的一个个日日夜夜。这些年，每次出差几乎都是我们俩结伴而行，虽然他"起大早、赶晚集"的特点经常让我提心吊胆，但我们俩在无数个结伴而行的日子里得以互相照顾，这对于独自闯荡美利坚的我们来说可谓弥足珍贵。

作为一个媒体人，段冉是我认识的最灵敏、最聪明的一个。

任何有难度的采访或者活动，只要段冉在，我都觉得他能搞定。这次他跟我说，他要出一本关于科比的书籍，名字是《科比，永不退场》，我知道是因为他想为科比做点事情。

科比意外离世，让全世界的球迷失去信仰。很多粉丝，很多球迷通过不同的方式去怀念科比。段冉，也用他的方式去纪念科比。

所以我支持他，而且可以负责任地说，全中国的人里如果有人写科比，段冉若称第二就没人敢称第一了。我这么说不是因为他文笔好——就文字来说比他写得好的人太多了——主要是因为他与科比的关系实在是太近了。就问一句：有任何一个中国媒体人被科比邀请去他的豪宅参观做客吗？有，就一个，他就是段冉。

其实这些年有不少人请我为他们的书写个推荐序什么的，由于面子原因我也都不好拒绝。但段冉这本书不一样，因为这是一本关于科比的书籍，关于这本书，如果段冉还需要我做什么，我都会义不容辞。

段冉跟我说，这一套《科比，永不退场》是让所有粉丝去收藏的，是最为精致的科比。我说，要写就写最好的，要做就做一本真正纪念科比的书。

当我拿到《科比，永不退场》典藏版样书的时候，我很开心，这是没有让我失望的一套书。

感谢段冉，
让科比的精神能影响更多人

文 / 王仕鹏　中国男篮传奇球星，篮球评论员

科比一直都是我学习的榜样和模仿的目标！

1996年科比进入联盟时，我还在青年队打球，那时候看球的机会并不多，所以第一个赛季对他没有太多关注，但从1997-1998赛季开始，初出茅庐的科比让我感觉眼前一亮：一个高中生进入联盟，就有一种不服输的劲头，碰到那些打出名头的老前辈，他敢于去挑战和对抗。也就是从那个时候起，我开始喜欢看科比的比赛。

那时候我还有一个小小的私心，心想一个高中毕业生就能打NBA（美国职业篮球联赛）了，我以后有机会也要挑战他，跟他比一比。这样的想法现在看来有些可笑，但相信每个喜欢篮球的孩子年轻时都会有类似的冲动。也是从那个时期开始，我会有意地模仿他的训练、比赛，甚至是把他作为一个人生的标杆。

时间飞逝，这个和他比一比的想法在2008年才有机会实现。北京奥运会，我们和美国男篮分在同一个小组，分组结果出来的时候，我的内心已经有一种按捺不住的激动！2008年奥运会开幕式那天晚上，我们在后台候场的时候，正好看到了美国队的球员，科比当时身边围了很多运动员，我开始还不太好意思去跟他照相，于是就找姚明出面帮忙，带我们过去照相。那是我第一次和科比照相，现在这张照片还放在家里，作为自己的一个收藏。

开幕式结束三天之后，我们和美国男篮在五棵松篮球馆进行了一场较量，能够和科比在如此重大的国际比赛中对位攻防，当时

我感觉非常激动，那场比赛现在还能在网络上看到，当时确实是狼狈、紧张、羞涩，输球虽然在意料之中，但我们也打出了我们的水平，而那也是我职业生涯印象最深的比赛之一。

这次交手过后，我和科比的联系多了起来，无论是赛场内还是赛场外，我对他的了解越来越多。随着年龄的增长，我从他身上学到的东西也在变化，以前年轻的时候，看他的训练和比赛，模仿他的各种动作。于我而言，科比是一个像导师一样的人物，出现在我的篮球生涯当中，我不断地跟他学习，不断地从他身体里面吸取篮球知识。后期的时候，我则更多是从他的精神方面着手，因为我自己后来也成为球队的领袖，成为国家队的队长，对球队的责任，对年轻球员的鞭策，这些都是从他身上学习到的。

科比的精神不仅影响了我，也影响了一代年轻人！我们看比赛，不光看科比的得分与动作，更多看球场上的细节，他对球队以及年轻球员的责任、对自己的规划，包括对篮球的向往、对胜利的渴望，都是能够影响一代年轻人的。我也曾经跟科比说过，他的这种精神影响了中国一代年轻人，甚至已经成为中国好多年轻球员奋斗努力的一种图腾，因为好多球员就是从科比开始喜欢上NBA，喜欢上篮球。我希望喜欢篮球的年轻人都能了解科比的故事，学习科比的精神，这也是我答应为这套《科比，永不退场》写序的最重要原因。

感谢段冉老师用文字记录了一个很多人了解不到的科比，也希望每位拿到这套书的人都能有所收获！

段冉，他不追逐风潮

文 / 杨毅　著名篮球评论员

段冉，你们都很熟了。腾讯的 NBA 主持人、解说员，用他源自老北京的独特的语言节奏、表达方式和肢体动作，赢得了大批网友的追捧，甚至出了各种表情包。

当初我和苏群老师、孟晓琦老师初创《篮球先锋报》，段冉是我们最早的 3 位驻美记者之一，标准的"先锋 1 期"。很多时候，我回想我心里印象最次的段冉，我一讲就还是那段儿。2004 年 10 月，《篮球先锋报》刚创立起来，我们开始招驻外记者，就接到了一个电话，一个北京小孩儿在电话里特横地说："你们招驻美记者啊，我想去印第安纳！"

苏老师就安排他第 2 天下午来办公室面试。等到了差不多的时候，我们正干活儿，突然，给我们做饭的任师傅在窗边高喊："楼下保安说有辆车进了小区，是找咱们的！"我们到窗边一看，楼下开进来一辆白色大奔——超长轴距的大奔！车停好，下来个小伙儿，脑袋上的头发全都立着，不知喷了多少发胶，标准的自由女神发型，又像七龙珠里的孙悟空。

那就是段冉。

两分钟之后，段冉推门进办公室的第一句话气挟风雷、掷地有声："苏群呢！我找苏群！"

我心想：这是来面试还是来打架的？

话说明白，真是来面试的。段冉英语对答如流，神态自若，气定神闲。我们都觉得很好。苏老师就问："你来做这个工作，有什么条件吗？"

各位都有过面试工作的经验吧？问你什么条件，就是让你开价，问你要多少钱工资了。

结果段冉横打鼻梁："没什么条件，我就要去印第安纳！我就喜欢步行者队！我就去印第安纳！其他随便！"

于是"先锋1期"的3位驻美记者，王猛去休斯敦，李晨骁去洛杉矶，段冉去印第安纳。我们从来都没打算过设印第安纳这一站，步行者队从不是我们的重点报道对象。可我们喜欢段冉，只好设了这一站。

现在，我想，有必要重新介绍段冉了，因为他的书——《科比，永不退场》。段冉职业生涯的前半段在东海岸四处漂泊。他在印第安纳驻扎了很入，我讲过了，他是步行者队和雷吉·米勒的忠实粉丝，后来步行者队在"奥本山事件"之后沉沦了，印第安纳实在没有必要再设一个记者站了。段冉转移到了迈阿密，见证了沙奎尔·奥尼尔和德怀恩·韦德实现迈阿密热火队史的第一冠。再后来，段冉也离开了《先锋篮球报》，作为腾讯网的驻美记者，从东岸游弋到了西岸。再到后来，他回国了，成了腾讯的NBA解说员。我与他，几乎因为NBA的直播，天天见。

科比意外离世，所有喜欢科比的人，包括我都在想着用各种方式去纪念科比，去缅怀科比。段冉也是如此，他的这一套《科比，永不退场》是写给真正喜欢科比的人的。因为这套书精致、有着很强的珍藏意义，当然价格也偏高，不过我认为值，因为这不仅仅是一部书，更像是所有喜欢科比的人的青春回忆。你如果买了这部书，就会觉得一点都不贵。那一幅绝杀长卷，看得我如痴如醉。

段冉写下了这部书，告诉你他看见了什么、科比经历了什么，用最近的距离和一名"先锋1期"驻美记者的写作能力，展开一幅关于科比一生的画卷。

在市场上这么多纪念科比的图书里，我推荐段冉的这一本。因为段冉从不追逐风潮。当一个朋友圈都不愿意发的人为科比写下一部典藏版图书的时候，这部书肯定不简单。

科比，你的篮球青春

文 / 于嘉 著名主持人

　　回忆对于每一个人来说感受不同，有欢乐，有痛苦，有艰难，有幸福……但无论何种内容的回忆，对于每一个重新打开它的人来说，都是一次勇敢的行为。因为那意味着要把已经尘封的过往重新打破，看到如昨的模样。

　　这也是我因为这套书钦佩段冉的地方。

　　在他的上一部关于库里的著作当中，我已经在序里表达了我对这位年轻朋友的羡慕和佩服。这一点就不再多加赘述了，反正他一样会自信而骄傲的，跟我的表达没有什么关系。但我知道，这是他这部有关科比的著作再版，内容很丰富，很厚重，增加了很多内容。重要的是故事的主人公，已经在现实世界里永远地离开了我们。所以这部书的内容越厚重越翔实越丰富，可能就会引起越多的悲痛和难过。

　　很多看着科比打球长大的年轻朋友，都曾经这样表达过——"科比去世，我的篮球技艺彻底清空了"，我非常理解。他们的篮球精神世界在很长一段时间里肯定是因为科比而填满的，一点一滴，一颦一笑，一举一动，一言一语，无一不是科比。当这些注定会因为"科比"两个字而不放过每一条消息的朋友看到这本书再版，肯定又会驻足流连，勾起自己内心那已经封存起来的珍贵回忆，多少有那么点残忍。

　　但换一个角度想，科比留给我们的不只有回忆，他的精神遗产同样足够强大，让我们无法忘却。

　　你从高中打进NBA开始，就立志做联盟独一无二的王者，每个夏天都在苦练自己，还顶着舆论的压力不断挑战联盟无可争议的第一人迈克尔·乔丹；你在未到25岁时已经拿到三个总冠军戒指，但总会有人说因为你身边站着的是联盟独一无二的巨无霸，于是你别无他法，只有继续残酷地对待自己的训练；球队重建，你成为核心，但队友水平一时间无法与鼎盛时期相比，你发现最好的办法仍然是把自己所有的力量贡献出来，用训练和比赛水平激励队友，直到重新站上巅峰的一天；你又拿了两个总冠军，你终于把一只手戴满了总冠军戒指，但你仍然希望向更高目标挑战，于是继续苦练，继续把自己扔进角斗场般的球馆，然后日复一日地战斗；后起之秀不断地涌现，已经开始占据关注的焦点，甚至有人猜测你究竟会以何种方式离开此间……

科比性格所致，凡事都要做到最佳，自然越来越极端，越来越好斗。我不否认科比有天赋，但请相信我，比起他同时代的很多巨星级的球员，他的天赋并不那么突出。科比之所以能够成为领袖联盟的人，就是因为他执拗的性格，对自己产生近乎苛刻的要求，并为之付出异于常人的努力。

为什么很多人会把科比的职业生涯代入自己的青春？还不就是因为那过程就是对"轻狂""冲动""投入""奋斗"的最好体现吗？所以诚挚地再度邀请各位来阅读段再所著的这部《科比，永不退场》，让那个充斥着你篮球青春的科比，再一次活生生地展现在你的眼前。

为今天的 Reggie Duan 感到骄傲

文／苏群　著名篮球评论员

　　段冉是一个奇人，他其实不是天生的科比球迷，却是天生的步行者迷。中国有一个步行者队球迷群落，规模不大，却极为忠诚，几代不衰，段冉是他们的精神领袖。为了配合自己迷雷吉·米勒的心情，他把自己的英文名字写成Reggie。

　　任何第一次见段冉的人，都不可能认为他能靠谱地完成驻美国记者的工作，因为他说话的样子太不靠谱了。2004年我们办《篮球先锋报》，招聘驻美记者，他来办公室找我，虽然样子不靠谱，但中文、英文、篮球知识俱佳，当时我就拍板让他去美国。结果现在他已经成为业内最资深、最有影响力的一号人物，这说明仅凭一面之缘的判断是靠不住的。

　　如今重新回到国内工作的段冉，和我是经常见面。看着昔日的小伙子，也成为有点"油腻"的大叔。但是段冉在工作中的进步是有目共睹的。

　　长期的驻美经历、丰富的采访NBA经验，加上他表面极不靠谱但实际上自来熟的社交方式，让段冉如鱼得水，因为经他采访的球星，几乎没有不上钩的，有的迷了魂似的把他请到家里去。当初腾讯/ESPN（娱乐与体育电视网）直播NBA，段冉在场边采访球星，一拉一个准，不管多大牌。他曾经长期在洛杉矶，所以自然应该写一写科比。

　　其实现在去做任何有关科比的纪念事情，尤其是会产生消费的行为时，都会引起争议的。有人说，这是消费已经去世的科比。但是我不这样认为，如今我们所有喜欢科比的人，都在用各种方式去纪念科比、回忆科比。当然市场上有很多消费科比的，比如那些假球衣、劣质的玩偶。

但是这套《科比，永不退场》绝对不是。当你拿到这套书的时候，你就会惊讶，原来书也可以做得这么精致，这么具有纪念意义。严格来说，这不仅仅是一套书，而更像是一个收藏品，或者一个具有多层意义的典藏物件。

当初段冉那套《库里传》，礼盒式的包装，已经足够新颖和用心。我一直觉得书是很神圣的东西，确实要赋予它更多的意义，而《科比，永不退场》就是这样的一套书。如果你喜欢科比，如果你被科比感染，这套书，你值得拥有。我们需要典藏的是一个真实的科比，段冉写下的就是这样的科比。

我是一个从来不收徒弟的人，但每次有人提到是我当年发现了段冉并带他出道时，我心中还是充满欣感。看着他取得今天这样的成就，我非常高兴。

作者自序：
我们共同的青春与情怀

文 / 段冉

之前出版过一部《科比全传》，虽然受到不少朋友的抬爱，但那部书还是有些许遗憾。首先是书中有些小错误，当时由于写得匆忙，编辑也没有发现，得到大家的指正后，果然是错了。另外就是没有真正体现出"全传"的"全"，因为出版时间的原因，《科比全传》只写到科比NBA职业生涯的结束。之后科比的人生依旧精彩，从开公司到奥斯卡获奖再到陪女儿练球，他用行动证明了自己是个天生的赢家——不管是不是在篮球场上。

所以，我就有了出版这部《科比，永不退场》的想法，把上面提到的两个遗憾弥补一下，也算给科比、给自己一个完整的交代。

说句实话，我不是一个爱写字的人。我爱说，爱现，经常看腾讯NBA直播的朋友应该是了解我的。但坐下来踏踏实实写字，并不是我的最爱。

但是，这次致敬科比，光说是远远不够的。尤其是我脑子里关于科比的印象和记忆太多，不写出来就浪费了。

我2002年入行，受伯乐赏识成为雅虎中国唯一的篮球专栏作家，当时的我没有任何专业背景，可以说基本就是个专业级的球迷。当时唯一的自豪就是我的专业性已经到了偏执和变态的地步。当年我是印第安纳步行者队的球迷，最喜欢的球员是雷吉·米勒和丹尼斯·罗德曼。从1996年开始，每天上午只要有印第安纳步行者队和芝加哥公牛队的比赛，我都会想办法逃学，去网吧找个电脑听当地电台的比赛直播。

听？没错，因为当时中国直播的比赛非常有限，只有每周日下午录播一场NBA比赛，那时是CCTV-2，苏群老师和徐济成老师解说。所以，为了追随自己喜欢的球队和球星，我在网上找到印第安纳和芝加哥当地的电台去听他们的现场直播。虽然我英语自小就极好（严重偏科，除了语文、英语，其他基本都不及格），但刚开始听电台直播比赛时仍然会有各种各样的困难。极快的语速、专业词汇、直播中解说与嘉宾在聊天时涉及的美国文化等，最开始真是有不少挫败感。自己的英语一向全校第一，怎么还会有这么多听不明白的？

从1996年开始听比赛，一听就听到2004年。现在回忆，我用了不到一个赛季就基本可以听懂95%的内容了。到1998年时我已经可以做到听懂他们说的每一个词，达到了同声传译的地步。

由于比赛直播中巨大的信息量，多年听比赛的经历让我从一个比较专业的球迷慢慢升级为顶级的专业球迷，这也是我2002年从澳大利亚回国后能迅速入行的最大原因。

在雅虎中国写了一年的专栏，2003年腾讯开始筹备自己的门户网站，我被雅虎中国的人推荐到腾讯负责体育NBA页面的建立。由于当时人力极缺，我独立制作并上线了腾讯体育的NBA页面，也就是现在的sports.qq.com/nba。现在想想都觉得是奇迹，因为我当时是计算机一无所知，要在做内容的同时去学习Html（超文本标记语言）和Dreamweaver（梦想编织者）这些网页制作工具。

2004年夏天，苏群老师在《篮球先锋报》招驻美记者。如果你真的爱NBA，你会理解我看到这条招聘信息时的心情。我清楚地记得那天我出门去应聘，刚出门就碰见了我妈，她问我干吗去，我说有个机会去聊聊。我妈"哦"了一声，不以为然地回家了，两小时后我回家进门只跟她说了一句话："妈，我的护照呢？我要去美国了。"

其实这两小时里有一个半小时是在路上，真正与苏群老师聊也就10分钟。当时苏老大打出的招聘标准只有三条：中文、英文、精通NBA。我用了不到10分钟让他相信我三样俱佳，于是他说："你回去准备办签证吧，休斯敦我们已经确定让王猛去，你去迈阿密吧。"

就是这样，我在2004年开启了闯荡NBA的生涯，也开启了自己的美国之路。由于比王猛早几天上的飞机，这让我成了第一个跟踪报道NBA完整赛季的中国人。

说了这么多还没说到科比，估计"科蜜们"看到这已经准备要摔书了。2004年至2006年的美国东部生涯，之后是2006年至2009年回国三年的解说生涯，一并略过。2009年我决定重返美国，边攻读体育管理硕士边跟进洛杉矶的两支球队。

从2009年到2016年科比退役，我见证了科比职业生涯中后期的一切。他的比赛、他的训练，包括他去客场，弹指一挥间我竟然与科比朝夕相处了7年之久。

这7年不说每天见到他，也至少是两天一见。正是这7年，让我成了跟他时间最长的亚洲面孔。作为"回报"，他每次见到我都会称呼我是"my man"，中文直译就是"自己人"；并且让我成了唯一受邀去他家做客的中国媒体人。

科比到底是一个什么样的人？支持他的人和讨厌他的人为什么都那么多？这些希望你能在这本书里找到答案。一语概括：科比是一个极其复杂的人，而且极其聪明。

在《科比全传》的自序里我写过这么一句话：大家已经看到有那么多NBA的球星退役后会每况愈下，但我可以在此向你们保证，退役后的科比仍然会在其他领域取得成功——他的智商与性格决定了这一切。现在我们回头看，我的预言是准确的。

写科比的书不少，比我这本写得好的也许有，我能保证的只有一点：所有写科比·布莱恩特的中国人，都不可能有我的NBA经历和专业度，更不可能像我一样如此近距离地接近书中人。

所以，喜欢NBA、喜欢湖人队、喜欢科比的朋友们，其他所有关于科比的书我都建议你们去买去读，但我这部，建议你们收藏。

为了科比，也为我们共同的青春与情怀。

要感谢的人太多，无法一一提及：首先是腾讯，我坚实的后盾；我的三位老师张卫平指导、苏群老师和杨毅老师；所有这次受邀参与"百位媒体人联名作序"的各位良师益友。在这里由衷地感谢你们这些年来对我的各种帮助与指点。希望我们继续一起努力为广大球迷朋友们创造出一个良好的媒体环境。

最后要感谢买了这部书的你，是科比让我们结缘，希望我们都能领悟出曼巴精神的真谛，并把这种精神很好地融入我们生活的点滴当中。

科比，永不退场。

与科比

2020年1月26日，原计划早上7点我和段冉合说洛杉矶快船队对阵奥兰多魔术队的常规赛，那场是当天的第一场比赛。凌晨5点，我被腾讯直播导演王洋的微信叫醒，我抓起手机听到里面传来王洋低沉的声音："谦哥，科比出事了，能早点来进直播吗？直播要实时关注前方的情况？"我瞬间惊醒，不敢相信听到的是真的，赶紧翻看各大体育网站的新闻，看到铺天盖地科比遇难的消息。我回复："尽快赶到。"

直播比原计划早开始半个小时，直播间里空气已经凝固了，整场比赛我们解说的关注点全在滚动字幕和节间插播的前方信息上，唯愿传来科比安然无恙的信息，但事与愿违。作为篮球评论员，每年参与解说的比赛不少，但那天早上是我职业生涯参与过最痛苦的一场直播，终生难忘。

吴 谦

前职业球员、篮球评论员

科比对我人生的意义在于，我知道了什么是成功以及如何做一个成功的人。

第一次合作是主持科比2014年中国行，在舞台上，他双手握住我这个初出茅庐的中国女孩的手，让我知道细节、友善、谦逊是一生的课题。

到后来，在洛杉矶见证他的退役，和他在FIBA上的合作，让我明白绅士、魅力、光芒和年纪无关。

最后，在斯台普斯中心的追思会上，眼含热泪看了一遍又一遍的"亲爱的篮球"。人球合一，在满腔热爱中，球变成他，他成全了那个儿时的自己，自己变成了我们永远的科比。全部的热爱，就是他成功的全部秘密。

不只凌晨四点的洛杉矶，有一种力量，叫作曼巴精神。

每一次想起，都会给我力量。

Betty 周玲安

著名主持人

《

"1996 黄金一代"的科比、艾弗森等球星是当时我们刚刚接触篮球这项运动所关注的第一批新秀球员，从那时起我也一直关注科比。科比遇难的当天，我也在洛杉矶，一大早听闻这则消息，我一直都不能相信那会是真的。说起科比，我印象最深的画面还是1999-2000赛季的NBA总决赛，G2他严重崴脚，休息一场之后他就在G4带伤上阵，并且在加时赛中带领球队拿下关键的胜利，最终，科比如愿收获了个人的第一个总冠军。曼巴精神的永不放弃，时刻感染着每一个热爱篮球的人。

刘子秋 ▶ 前职业球员、篮球教练、篮球评论员

《

"1996 黄金一代"进入NBA的时候，我还在青年队，那时候我最喜欢的是艾弗森，可随着时间推移，科比逐渐成为我最敬佩的球员，他对篮球的那种热爱，对训练的那种坚持，对胜利的那种渴望，都是现在这些喜欢篮球的年轻人应该去学习的。现在，走上教练岗位，我也希望我的队员们都能去理解科比的精神，并且把这种精神作为自己运动生涯的一个信条和方向。

李克 ▶前职业球员、两次获得CBA总冠军

《

对于我们这代人来说，科比不是简简单单的一个名字，而是一个难得在NBA里看到的完整故事、一道人生平行线一般的参照物。他1996年进入NBA，那时候我们都是少年，少年有少年做事的样子，少年有属于少年的认知。所以，我们看着科比从少年到成熟，从青春叛逆的挑战者最终成长为NBA最被尊重的人生导师一般的存在，我们也一天天变老，做事的方式和对世界的认识也都随之变化。

最终我们都成为父母，意识到，人生在世最伟大的事情不是胜负，不是冠军，而是变好与传承，是试图让我们身后的世界更美好。可惜，科比故事的结尾是个悲剧。那个悲剧又在提醒我们：好好生活吧。

王猛 ▶著名体育主持人、篮球评论员

《

越了解科比，你就越会发现这个人的魅力。10多年以来，每一次参与和科比有关的工作，无论是新闻报道、书籍出版还是比赛转播，都会不断产生对他的新认知，也会进一步认识到为什么他会被整个世界如此厚爱。科比离开了，但他留下的传奇将永远陪伴着全人类，他书写的故事将激励着一代又一代，而我们每一个，都将是有关科比故事的传承者。

攴海 ▶腾讯体育解说嘉宾、篮球评论员

《

我曾有机会见过科比，并和他进行过简单的交流。记得那次他是来宣传自己的新书，我虽然提前做足了准备，但等真的见到他的时候，那种激动的心情真的完全按捺不住。我当时真的没办法把自己的目光从他的眼神中移走，因为他整个人散发出特别的人格魅力，他真的太帅了！即便是一个不喜欢篮球、对他完全不了解的人，看到那时候的科比，也会被他的气质所折服。

还有一件小事我到现在都记忆犹新，因为活动中途有要撤掉凳子的环节，他起身后还想帮助工作人员一起搬凳子，像他这样顶尖的篮球巨星，竟然没有一点架子，这种谦逊的性格可能也是他能够成功的原因之一。

美娜 ▶体育主持人、NBA主播

《《

科比有两个和比赛无关的特质：

一、身为高高在上的巨星，不摆架子，采访时，他会非常专注地看着你的眼睛，让人觉得很受尊重。而且，哪怕他只在人群中和你有过一次简短对话，下一次隔了很久见面，他也会很热情地问候："哥们儿，最近还好吗？"让你心跳加速，好感倍增。科比的朋友圈，成千上万的名人，他真的能记住你？未必，但是他就是能给你这种印象，这就是对人的基本尊重和社交礼仪。

二、科比穿着极有品味，我在更衣室里研究过他挂在衣柜里的服装，除了最常见的西装，他还穿过一些特别体现格调的衣服，都是高定版，市面上买不着。这体现了科比对工作场合和对个人形象的重视。

科比的这两种品质，尊重人，尊重工作，强调社交礼仪，让我敬佩。

沈知渝 ▶ 体育经纪人、篮球评论员

《《

我跟科比的几个小缘分：

一、科比和我，都是 8 月 23 日出生，他比我大整整两岁。我觉得处女座第一天有一些共同的小特点，具体是什么就不说了。

二、2001 年科比第一次中国行，新闻发布会结束，科比经过我身边的时候，我用意大利语跟他打了个招呼，他也用意大利语跟我说了句"你好"，当时还在上大学、暑假实习的我，觉得我跟科比有了一个"小秘密"。

后来，我写了一本关于少年科比的小书，主要写他小时候在意大利的事情，是在我的孩子们一岁那年写的。我希望他们长大之后，能有空读读。

管维佳 ▶ 体育媒体人、篮球评论员

《《

我明白"视你为信仰"的真正含义：

不仅是凌晨四点、81 分、Mamba 精神；是做坏了，不害怕，下一次来临的奋起；是长跑到终点，绝境里的再次加速；是团队里新人犯错，身为领导无怨无悔无悔地背起黑锅；是被否定不服气，熬夜加班再做 PPT；是被投诉，不抱怨，自己找原因，下次面对神色如常。生活不易，最怕的是放弃，"信仰"不是口号，而是每一个时间节点迸发的勇气。

"再坚持一下，再来一次。"这就是长久以来我在你的篮球世界看到的事情。

小七 ▶ 体育主持人、腾讯 NBA 主播

《《

从未见过一个体育明星，能够有科比这样的影响力。说一件小事，也是趣事。一次驻足在篮球场外，看到一个四五岁、穿着科比球衣的小朋友打篮球，打起球来也是有模有样，非常可爱。奔跑中，孩子不小心摔倒了，肉眼可见的擦伤。孩子爸爸赶紧扶起，当时我以为孩子会大哭。然而后面的举动震惊我了，孩子表情疼痛，眼泪确实在流，但是嘴里却跟爸爸说："我是科比，我不哭。"

很强的代入感下，就深知科比的意义。从我进入体育行业，对科比的敬意也在不断增长。曼巴精神或许没有直接左右着我，但是潜移默化中，了解科比的人都在不知不觉中被感染着。

石琳 ▶ 爱奇艺体育副总裁

❝

用三言两语很难去描述科比究竟给我们带来了什么，可能是鼓舞了无数人的曼巴精神，可能是斯台普斯中心上空飘扬的五面冠军旗帜，也可能是那些让人叹为观止的比赛画面。无论如何，他是那种让你可以在不经意间想起的人。在某一个早晨，你打开比赛直播，看着灯光照耀下的远景的斯台普斯中心的地板，恍惚间，他还在那里。

任何一本关于科比的书、画册或者一部纪录片，都无法完全还原每一个人心目中的科比。但它们是关于这个人的每一个零碎记忆的线索，我相信这部《科比，永不退场》会是将你的所有记忆和思念，再次串联完整的绝佳工具。

柯凡 ▶腾讯 NBA 解说员、主持人

❝

2020 年北京时间 1 月 26 日，我要从北京出发去迈阿密解说超级碗，因为要赶飞机，醒得格外早。看到那条消息的时候，我把手机里看新闻的所有 App 都点开了一遍，企图找到这是一条假新闻的可能性。后来我坐在床上，给我身边最铁粉的"科蜜"发了一条信息："慢点醒，但是这确实是真的。"

十几年前，我们的毕业电影拍的就是几个科比球迷的故事，那天的场景现场回忆起来就像第三人称一样，我妈妈陪着我去机场、托运、取票。我脑子里过电影般想起 81 分、退役之战、总冠军的怒吼以及跟科比的合影。这一路我几乎是没说话，直到我要过闸机，我妈妈过来抱了我一下："一切都会过去的。"从那天到现在，生活还在继续，就如同我们对科比的思念一样。

王子星 ▶腾讯 NBA 解说员、主持人

❝

有一次，我参加投篮比赛获得了冠军，得到与科比见面的机会，科比听说我赢得了投篮冠军先是冲我比了一个大拇指，但当我有点显摆地跟他说我只投丢了一球的时候，他却反问我："为什么投丢了那一个呢？"这段故事之后一直回荡在我的脑海里，也在我人生的许多阶段激励了我。这是一个典型的科比式的提问，也是他追求完美的性格体现。我相信许多科比球迷都是始于球技，终于精神。希望大家可以把力求完美、追求卓越当作人生信条，永远比现在努力一点点。

王兆丰 ▶腾讯 NBA 解说员、主持人

❝

得知科比不幸离世的那天怅然若失，总是会怀念起那些和同学们一起看科比打球的日子。那时年少也曾把调侃科比挂在嘴边，但是越是成长就越发现科比的励志之处不仅在于场上。

可能当人长大的时候，才懂得欣赏一种不完美，或许是偏执，或许叫作个性。但当你全心投入一件事，才会知道这样的偏执才能督促你进步，就如科比一样。每当早起或熬夜工作时，总是会情不自禁地来一句凌晨四点的洛杉矶；每当为生活感到疲惫时，也会想起一个词叫曼巴精神。

所以现在，每次想到科比的比赛和故事，不禁就对生活和工作又充满了斗志，同时也怀念那些曾成长的青春岁月。

孔祥宇 ▶腾讯 NBA 解说员、主持人

《《 ———————————————————

　　科比是对我影响最大的运动员。在我年轻的时候，我认为篮球和体育是两回事，我只看篮球，对别的项目不闻不问。当我解说 NBA 的时候，我的生活就只有这一件事情。我们就像一个单位的，我是这个单位的下游，一个销售，科比就是我那个时代至高的产品。

　　多年后同是"1996 黄金一代"的马布里在北京队拿到 CBA 冠军，我曾经写过一段话："你做到的重新开启了我逐渐萎缩的想象，让我在这平庸的日复一日、百川归海一般的光阴流逝中，看到梦想的光。"

　　为什么逐渐萎缩了呢？如今回顾，科比的时代，定义了 NBA 最盛大的想象。想象就是已知的边际。想象需要不停刷新、突破、创造。体育比赛都是比得分，篮球的魅力就在于一场比赛永远制造不同方式的进球，谁能够不停奉献出让人惊呼超乎想象的进球，谁就是明星，毫无疑问，科比是星中之星。如今我人到中年，科比也渺然太虚，属于青春的想象已然作古，不知你可否知道我在说什么。

马重阳 ▶ 北京电视台体育主持人

《《 ———————————————————

　　我曾非常有幸参加了《曼巴主题日特别直播》，整整 5 个小时满满当当都是关于科比的内容，能在工作中、在镜头前为科比说上一句"生日快乐"真的好荣幸，但这一切的一切都是在泪水和伤感中度过，真的好心痛。肃穆的灯光、庄严的背景、郑重的衣着……每一场经典赛、每一次重温，都是对科比的致敬与缅怀！老大，你不曾离开！

雪儿 ▶ 体育主持人、腾讯 NBA 主播

《《 ———————————————————

　　我其实是看着迈克尔·乔丹打球长大的一代，一个球员的伟大，不仅仅成就了自己，更是让身边的人都变得更加优秀，在他之后，我又看到了那个一步步走向伟大的科比·布莱恩特。我虽没见过凌晨四点的洛杉矶，但这种精神力量的传递影响了我，且影响了一代人，同时，体育的力量可以无限大，但也需要科比这样具象的载体作为布道者，庆幸自己活在这个时代，见证了这些伟大球员的诞生。

申方剑 ▶ 体育媒体人、著名足球评论员

《《 ———————————————————

　　第一次看到科比 还是在 1997 年的一本篮球杂志上，看到他捧着扣篮王奖杯的图片，年少轻狂的我对同学说："科比一定会成为超级伟大的球星！他就是我的偶像！"豪言要努力像科比一样——成名要趁早！

　　一个夜晚我和球队的好友躺在操场上畅想如果成为职业球员会选几号，我选了当时很冷门 24 号！然而，过了几年后，科比真的把球衣号码换成了 24 号！那一天我激动了好久好久，我总幻想科比可能是上天派来指引我努力前进的人，直到现在，每时每刻！

　　直到今天，我没有实现年少时成名要趁早的豪言，也没有完成我打职业联赛的愿望。但科比努力奋斗的精神一直帮助我克服生活工作中各种各样的困难！科比将永远活在我的世界里，也永远活在我的动画作品里！KOBE！NEVER OUT！

曹超 ▶ 体育媒体人、绘说篮球创始人

《

科比退役那一天。

我和小伙伴们聚集在一起，看那属于科比在赛场的最后疯狂的表演。

看他扬起的手腕、有些摇曳的球衣、略带飘逸的后仰以及空中完美的抛物线……一次又一次入网得分。那是载入史册的退役绝唱，那是让世界惊呼的 60 分表演，那就是无所不能的科比·布莱恩特。

于是接下来，科比华丽转身。

球场上，他是成功的典范、球员的楷模、球迷的偶像、不服输的代表。而当他华丽转身，他又是才华横溢，跨界都是如此优秀。属于他的商业帝国慢慢形成，属于他的另一番事业，高歌起航，属于又一个无所不能的科比·布莱恩特。

可是，那世界伤痛的一天，那架不能顺利降落的直升机……

佳依 ▶ 体育主持人、腾讯 NBA 主播

《

科比作为体育明星的代表，用他在场上的表现影响着喜欢他的球迷。同时最为主要的是，科比的精神，也就是曼巴精神，在不知不觉间影响着整个体育行业，甚至一个时代。他不仅仅是无数篮球爱好者的榜样，更是无数体育从业者的精神支撑，比如我。

时代总是在改变，对于体育这个行业也是如此，而正是因为体育行业有过科比的出现，有过曼巴精神的出现才给这个行业赋予了一层新的意义。

李涛 ▶ 体育大生意创始人兼 CEO

《

高中和大学校队分配球衣，每次老老实实上完课才去的我，都只能领到被队友挑剩下的 8 号。在那个乔丹球迷一统天下的时代，作为 NBA 联盟推出的众多"乔丹继承人"中最桀骜不驯的那一个，初入联盟的科比不仅不被我的队友认可，并且他在季后赛最初的稚嫩表现，甚至把这种不认可激化到了不屑的程度。对于挣扎在被校队淘汰边缘、迫切需要队友和教练认同的我，自然对这个不受欢迎的号码的主人很难有什么好感。哪怕"OK 组合"的三连冠，也没能扭转我对科比的感受。

直到 2005 年，我第一次入选中国男篮国家队，我开始理解科比。在职业篮球领域从零做起时，科比已经开始一个人承担起他的球队。在孤独而陌生的工作环境中奋力求生的我，也开始可以带着同理心看待科比的表现了。当看到科比作为球队唯一的精神支柱，支撑着球队在与凯尔特人队的"绞肉机大战"中成功卫冕，更让我在 NBA 当时的一线球星中，对他另眼相看了。

而当我已经在职业联赛磨砺多年，饱尝得失之后，目睹重伤复出后的科比，近乎疯狂地驱动着早已不复当年的身体，为已经赛季无望的母队毫无保留地战至最后一刻。在我此时的心目中，科比已经升华为篮球精神的化身了。

郑诚 ▶ 篮球评论员、中国男篮翻译

《

科比的厉害在于，作为一个同时代马刺队和邓肯的球迷，都承认这个对手真强，甚至可以说就是最强大的对手，让你成为更好的自己，并且，努力变强，真的是强者共性。这种对于极致的追求，和愿意为此的付出，是不变的力量，始终鼓舞。

石一瑛 ▶ CCTV5 解说嘉宾、篮球评论员

《《

关于科比，有太多记忆。鞋柜里带"Y"的球鞋，衣柜里紫色黄色的衣服，床头各式的海报……

我印象最深的有关科比的记忆是在 2010-2011 赛季季后赛。连续三年进入总决赛的湖人队，风光无限。然而面对独行侠队，湖人队遭遇 0∶4 惨败。科比在那场赛后发布会的沮丧让我开始闷闷不乐，在没有湖人队比赛的那个夏天，总觉得什么都提不起精神。直到 2011-2012 赛季开始，科比在场上一次又一次得分，才觉得又恢复过往充满希望的每天。在之后的赛季，科比场均拿下将近 28 分，是 4 年以来的最高的场均得分，比进总决赛的那三个赛季还要高。是他的执着，让湖人队还维系在西部前四。这种命运打不倒的曼巴精神，我终生难忘。

王嘉琦 ▶腾讯 NBA 解说员、主持人

《《

作为 95 后的新生代解说，其实我对于科比的感情和大多数球迷应该是如出一辙的。还记得在我小学的时候，在身体发育上，我总是比同龄人慢一点，所以我的老爸就常带我看体育频道的美国职业篮球联赛，希望我能多参与体育活动长长身体，我脑海里如今还是能回想到那些曾经的对话——

"就看这个 24 号打球，以后长大了也要像他一样，永不放弃。"

"那他为什么不传球给队友啊？"

"他是科比·布莱恩特啊，他是一个永远充满自信和能量的人，你长大也要像他一样。"

是的，科比永远会是我们这一代的心灵支柱，不变。

彭磊 ▶腾讯 NBA 解说员、主持人

《《

我和《灌篮》杂志前主编、现在"杨毅侃球"主笔朱毅鹏，2008 年就认识了，当时我是体育编辑，他给我供稿，工作方式就是我在国外网站找 NBA 新闻，他翻译。

2021 年我俩遇上了，追忆往事感慨万千，他说当时天天翻译，以为写不了原创，但 2008-2009 赛季科比拿到第四个总冠军的时候，身为"科蜜"的他想到科比这些年起伏波折，觉得无论如何得写点发自肺腑的，问能写吗？我说能啊，"科黑"都感触不已，你怎么可能无动于衷？

但朱毅鹏接下来的话让我大受震撼，他说，就是那年科比夺冠和他随后写了那篇 3000 字的原创文章，让自己定下了毕业后做 NBA 记者的决心，并履行至今。

我记不清我们当时说过什么了，但我知道，科比的精神改变过很多人。

邵化谦 ▶篮球记者、咪咕视频 NBA 解说员

《《

我的第一件球衣，黄的翩翩起舞，胸口一排我看不明白但走线"行侠仗义"的字母，老板带着口音告诉我这叫"户任队"。

我抬头看着满天花板密布的球衣，白颜色胸口写数字的那件不耐脏，一个导弹绕着篮球飞的那件相不中。等一下，门口挂的那件巴西队和我手这件黄色的用一个料子吧？

"印不印号？"老板打断了我的思路。

"嗯。"

没等我回神，老板一把拿过上衣，把跟阿根廷队服天作之合的黑色带框字体烫在了我的球衣上。烫完抖了抖，上面赫然印个"8"。哎，我又不做生意，这真土。

直到我穿上这件球衣打球被满场人追着盖帽，我才知道："户任队"的 8 号可不得了。

连睿 ▶体育媒体人、《中国体育》主持人

在我们这代人心中，乔丹就是篮球的代名词，球场上的"神"，如果有谁敢对"篮球之神"发起挑战，那是对于篮球运动最大的不敬，但是科比就是这样的一个人。2003年亚特兰大全明星赛，科比"搞砸"了"篮球之神"的演出。当时和几个同事一起看比赛，还商量如何在赛后做报道渲染乔丹的伟大，结果科比最后的"不解风情的罚球"让整场大戏没能完美落幕，办公室里骂声一片，自己也气得快把电脑砸了——看看人家艾弗森、卡特都是怎么做的。

不过也正是这场比赛之后，我开始渐渐欣赏科比对于比赛的那份执着。很多人都说NBA是场秀，但是科比把球场真正当作了战场，尽全力在战场上击败对手，才是最大的尊重，所以才会有面对乔丹的55分，才会有之后的81分神迹。

对于科比，最吸引和打动我的，永远是保持着对于篮球的热爱和对于胜利的渴求。对自己从事的事业深存敬畏之心。曼巴精神也是"匠人精神"的一种体现。

王异 ▶ 体育媒体人、北京体育广播主持人

可能没有亲历过科比的那个时代，真的无法切身感受到他的伟大。真正地去"认识"科比已经是职业生涯末期了，那时的我可能还无法理解到底是什么能够让那么多人凑在一起，只为了看到那个篮球世界里被很多人称为"信仰"的存在。是因为他的曼巴精神，那不仅仅是贴在墙上的一张海报，抑或是摆在桌上的一摞杂志，而是真正能够在我们困惑迷茫时支撑我们走下去的勇气和动力。

吴迪 ▶ 体育主持人、腾讯NBA主播

作为一名90后，关于科比的记忆是和青春期重叠的。我的整个中学时代是NBA风潮席卷国内的时代，也是"科蜜"暴增的时代，校园里放眼望去全是后仰跳投、三分球。谁后仰投得到那么远……于是叛逆的我和几位好友组成了坚实的"科黑联盟"，对科比的一切嗤之以鼻。至于现在，我们几个都被科比打服了，甚至有人成了"科蜜"，而我也总是忍不住在当今某个球星引来小球迷惊呼时，倚老卖老地感慨一句："真的不如科比。"我相信这不仅仅是属于我一个人的科比记忆。

孔德昕 ▶ 体育媒体人、《体坛周报》篮球部副主任

小时候听父亲讲乔丹的故事，长大之后，我有了自己的"乔丹"！

对于我们90后这代人而言，科比这个名字远远不止是18次全明星、5个总冠军、33643分这些荣誉和数据那么简单，而是早已经超越了篮球的范畴，不管在工作、家庭还是为人处事上，都为我们树立了一个榜样，定义了一个标准。

尽管直到此刻，我都没准备好去定义他桀骜不驯、迎难而上、和自己较劲和周遭较劲的一生。但是作为科比的球迷，那些过往、那些时刻、那些点点滴滴，我会一直记得，将来我也会像父亲当年给我讲乔丹那样，把这些故事讲给我的儿子听。

——来自一个20年死忠"科蜜"的心声。

李阳 ▶ 体育媒体人、腾讯体育高级内容运营

我曾做了十余年的篮球记者，其中包括驻美五年，无数次跟科比照面、采访，有不少的私人故事，但印象最深的、记忆最鲜活的，发生在我跟队那个赛季。

那是2012—2013赛季，我被派往洛杉矶跟队报道豪华"F4组合"（纳什、科比、加索尔和霍华德），那个赛季的湖人队，因为此起彼伏的伤病和各种内部矛盾，表现差到连铁杆球迷"影帝"杰克·尼科尔斯都不来现场看球了。

那个赛季的科比，无疑也非常郁闷，他最后等于是用一根跟腱的代价，才把湖人队送进季后赛。在受伤之前，科比甚至不惜打破自己坚持多年的赛前习惯，提前三四个小时到斯台普斯中心练球，只是为了比赛时有个更好的手感。

作为NBA记者，我习惯很早就赶到球馆做准备。那一次，我跟往常一样，在媒体工作室放下背包，背起相机，拿着手机往球场走，在通道口拐弯处，我正边走边低头看手机，迎面撞上一人，抬头才发现是刚练完球的科比，我忙说着抱歉，科比淡淡地丢给我一句："年轻人，你到晚了！"

我知道这是科比一句善意的调侃，但也激发了我的斗志，尤其是到后来他练球越来越早的情况下，我甚至还跟球队较上了劲。跟其他球队的公关早到不同，湖人队负责媒体证件的工作人员，总是要等到赛前两个小时才到门口来发证，而国际媒体的证件是每场一证（即便是整赛季跟队的记者），没证又进不了球馆，换句话说，国际媒体每场比赛想进到球馆内，最早的时间就是赛前两个小时，这样一来，基本赶不上科比的赛前训练。

我曾因此事多次找湖人队的公关负责人约翰·布莱克理论，也曾找NBA中国的工作人员协调，虽然当年没有得到想要的结果，但接下来的赛季，中国记者在湖人队就申请到了一个赛季通用的媒体证，享受跟美国跟队记者一样的待遇。这个待遇，说来可能还有科比的一份功劳在，每个中国记者都应该记住。

黎双富 ▶懒熊体育联合创始人、总裁

我现在还记得科比单场81分的那场比赛，面对猛龙队，他像个战神一样无法阻挡，用各种方式完成得分。那场比赛也是那几年科比状态的一个缩影，奥尼尔的离开让科比失去了最强力的队友，但他接过了球队领袖的责任，把整支湖人队扛在了自己的肩上，没有队友能帮忙，那就一个打五个。这种对自己所爱的执着也影响了我！

念洲 ▶体育媒体人、畅销书《欧冠之王——C罗》作者

我第一次了解科比是因为一位朋友，他说："篮球解说是我11年的梦想，为它投入11年的热爱。永远记得科比说的'如果你害怕失败，意味着你已经输了'。所以我甘愿为我所爱的篮球梦想一往无前，永不放弃。"

这不就是在科比身上的坚持和好胜吗？自此，这便在我心中种下了曼巴精神的种子。可是很遗憾，当我真正走进篮球世界时，科比已经谢幕。他的故事，他的生平，他所有印刻在球迷脑海中的光，我都无法一一道来。但是，我们每个人心中都住着属于自己的科比！

小新 ▶体育主持人、腾讯NBA主播

《

在我小的时候，爸爸就是铁杆的科比球迷，而那时的我喜欢在爸爸看比赛时待在他旁边，跟他一起呼喊科比的名字。2016年4月14日的那个早晨，我的男同学们都在不约而同地致敬着他们的青春，我才忽然回想起小时候在电视机前呼喊名字的那个男人。原来那天的他，宣布退役。在退役战，他依旧是那么顽强不服输。而他的那些故事，更是激励着一代又一代的年轻人。

孤独中的坚持，绝境下的顽强，拼搏时的极致。Mamba out, Mamba never out.

李秋瞳 ▶ 体育主持人、腾讯 NBA 主播

《

NBA 向来不乏突破极限的奇迹、流芳后世的传说。于我而言，那些奇迹和传说，是三节62分的蛮不讲理，是单场81分的无解，是绝杀对手的大心脏，是在赛场自行掰回脱臼手指的坚强，是凌晨四点的洛杉矶，更是退役之战砍下60分的完美谢幕。而这些都指向一个名字——科比·布莱恩特。

很难接受陪伴了我一整个青春的故事在2020年的春天就戛然而止了，但它会永远留存在我与所有科比球迷的心中。Our legend never dies, he just fades away. 我们将带着耳濡目染的曼巴精神，勇敢面对生活挫折，微笑迎接人生挑战，传承他用短暂而华丽的一生留给我们的最好的礼物。

曹菁芮 ▶ 著名主持人、体育媒体人

《

每个年代都有自己的"篮球之神"，科比就是我们这代人的图腾。

始于1996年全明星赛上惊天一扣，终于2016年的 Mamba Out！20年间科比始终给我鼓励，他的天赋不算顶级，没有奥尼尔的统治力，没有乔丹的霸气，也不像詹姆斯是天选之子，但绝对是最硬的一个。

记得上中学时，每次中午骑自行车回家，只能看总决赛的最后10分钟；脑子发热，为看球报考了北京体育大学，成为《篮球先锋报》的记者和编辑，在一个叫幸福大街的大房子里，和段冉这帮"疯子"晃晃悠悠"幸福"了好多年。

现在，我已经离开媒体行业，可这个人一直激励着我成为一个更好的父亲、丈夫和儿子。

我喜欢科比，不是因为他拿了几个冠军、得了几次 MVP，而是他对生活始终如一。

李阳 ▶ 体育媒体人、《王治郅传》作者

《

选择进入体育新闻行业工作，科比绝对是我的"Spark"所在。

从小跟爷爷看球，他最喜欢奥尼尔，我则偏爱才华横溢的科比。他的勤奋，他的偏执，那虽千万人吾往矣的劲儿，是我学生时代的精神食粮。前去美国念书，科比来打客场恰逢考试，于是写邮件申请缓考——科比是我来美国的原因。教授还真给批了假。

回国入行体育，写了不少退役煽情小文，也多次在活动中见到科比。每次都不免暗下决心：总有一天，我会坐在科比对面的椅子上，听他亲口讲述曼巴精神。只可惜……梦想只能永远地藏在心底。

意外发生那天，凌晨莫名惴惴，在失眠里收到了新闻。确认消息后，一边大口干呕，一边写下了纪念文字，按下推送键。流量与留言翻滚，内心骤雨狂风，如同奥尼尔所说："我的一部分也随之而去。"唯有曼巴精神化为不朽传奇，在我们心里永恒闪耀。

郭阳 ▶ ECO 氪体创始人、总编辑

《

科比拥有球王级别的独特气质，在竞技体育当中这种气质只有极少数人具备，他们对该运动项目认真、执着、倔强、顽强，甚至还有些苛刻，与此同时他们的技术也潇洒、华丽，两者结合就形成了这种感觉。还记得在 2019 年男篮世界杯，科比作为形象大使在国内所到之处无不引起震耳欲聋的呼声，其魅力可见一斑，我至今对此印象深刻，每每想到，都会感慨于科比这种巨大的影响力。

徐静雨 ▶ 自媒体达人、体育解说员

《

很多人都不知道，斯台普斯中心有一个小房间。这是一个没有摄像机镜头的地方，甚至很多人都不知道有这个屋子的存在。可是那个地方，科比和他的家人在每个主场比赛之前都会前往，他们总会待上一会儿。

如果你知道 "make a wish" 是一个什么组织，你就会明白，那是一个既沉重又给人希望的团队。那是一群得了绝症的小朋友，所谓 "make a wish" 你可以理解为这是最能激发他们康复斗志的愿望，又或者说也可能是他们人生中留在这个世界上的最后一点念想。

因为科比对于洛杉矶的意义所以很多患绝症的孩子都将自己的愿望卡上填写为"见一次科比"。这就是那个在斯台普斯中心小房间的意义，每一个主场比赛之前，一共将近 20 年的时间，科比和妻子瓦妮萨都会来到这里，见见这些孩子和他们的家人，不管这是一场无关痛痒的常规赛季，还是一场你死我活的季后赛生死战。可那都属于球场上的事情，比赛开始之前，这对于他来说是一件最为有意义，也绝对不能错过的事。只有偶尔的时间，科比会叫着自己的摄影师好友伯恩斯坦，这也是由孩子们的家人提议想要让专业摄影师留下一些珍贵的照片，而这些照片伯恩斯坦从未公布于众。

沈洋 ▶ 体育媒体人、腾讯 NBA 现场记者

《

关于科比的赞美或是批评的声音已经太多太多，任何形容词对于他而言都显得苍白无力，就像科比自己说的那样："我只想成为一个激发大家成为更好自己的人，仅此而已。"

把"偏执"诠释到极致的男人，说的就是科比·布莱恩特吧。

我不是科比的球迷，但科比的戎马一生相信是无数人心中最向往的浪漫。

陈柯锐 ▶ 体育媒体人、腾讯 NBA 直播导演

《

"你有过完全放松的时候吗？""我不能。"这天，我作为科比新书发布会的译者和向导，和他一起，沿着两百名安保手拉手连起来的人墙，经过无数员工的闪光灯和呐喊声时，我侧过头问他。他穿着深蓝色西服套装，和为新书定制的红底皮鞋，微笑，开场时间临近，而他的身上，却能同时看到紧迫和从容。这样的场景，在他生涯的每一天都在上演。毕竟，他可是科比。作为篮球记者，有幸跟科比的几次接触和专访，都让我能重新审视篮球、审视职业。他对我说的这几句话，如今仍书写在我日记本的第一页。

他说："希望你内心有力量，这股力量，能让你在最黑暗的时候，撑下去。"

他说："知道错在哪里，失败才是成功之母。"

他说："遗憾，是青春的意义。"

王丽媛 ▶ 体育媒体人、腾讯体育篮球记者

《《

我见过的凌晨四点的天空大都是黑色的。但因为你，我望向夜空时，会感到那是一抹深邃的蓝。看着它，目光很容易就会被吸进去，无法自拔。你已归去，而我们正要出发。穿过时空，碰上一面，能不能跟你说一声温柔的晚安？

二十功名尘与土，勇夺五冠传佳话，漫山遍野紫金花，不见当年黑曼巴。老大，詹姆斯率领湖人队夺冠了，我过得挺好的，你那边呢？

科比不喜欢英雄迟幕，他曾开玩笑说自己希望可以 DIE YOUNG。现在想来是多么令人嘘唏。如果说最后仍给我们向阳而生、继续前行的力量和勇气，那或许是，当我们60岁甚至80岁的时候，科比在我们心里永远都是40岁的模样。

Mamba out. But he is never forgotten.

朱轶洲 ▶著名主持人、体育媒体人

《《

科比的故事早已无须多言，他度过了奋斗不息、超越极限、实现梦想的旅程，短暂却足够绚烂。他可以一个夏天投进2000个跳投，他可以靠着7根健康的手指完成单赛季7次绝杀，他可以在32岁的年龄带着充满积水的膝盖拿下第5个总冠军，他可以在34岁拼到跟腱断裂，只为一场胜利。他还可以在退役之战，用一场60分的表演震古烁今。

这所有的故事刻画出鲜活的、让人血脉偾张的、为梦想穷尽一切的科比，也同样定格了属于每个人关于他的记忆。你会忘却这些热血沸腾的记忆吗？他真的离开了吗？

管超 ▶畅销书《控球至圣：克里斯·保罗传》作者

《《

对于科比的记忆，仿佛还停留在1996年的NBA选秀、面对猛龙队豪取81分、76人队主场"DJ"那标志性的声音、跟腱断裂后强忍疼痛命中罚球、退役战狂砍60分完美谢幕以及在球场中央的那句"Mamba out"……

33号、8号、10号和24号，是属于他的号码。如果你问我科比对我来说意味着什么，曼巴精神便是对他最好的诠释。

Heros come and go, but legends are forever.

牛晨伟 ▶体育媒体人、腾讯体育编辑

《《

2011年7月15日，我得到一次专访科比的机会。采访环节的最后一个问题，不可避免地问到姚明，因为科比曾说姚明为中美两国的篮球建造了一座桥梁。然后我说："其实你也是一座桥梁，很多人因为你，爱上篮球。也有一些人，比如我，因为你而选择了现在的工作。所以我想要谢谢你。"他看着我的眼睛，诚恳地说谢谢。我们就这样相对着互相说着谢谢，无论他还是我，那一刻，好像都找不到其他词语。

总有人探究偶像存在的意义，对我来说，偶像是遥远的星光，更是榜样，他让我获得目标和力量，然后前进。我想，我和我的偶像都做到了。

孙一萌 ▶体育媒体人、记者

《

我从小就长得高，运动细胞也不错，被选入了班里的女子篮球队，总共就仨人，打半场，但我们仨确实相较同龄孩子来说算不错，年级比赛总拿第一，那时候正是科比的时代，爱打篮球的孩子的绝对偶像，就是科比。

男孩子们都会自称"科比某"，于是我们队内的三个人，分别是"科比郭"、"科比王"和"科比杜"。"三大科比"横扫年级，一时间竟难逢对手，那时候男孩儿不如我们高，偶尔能把男生打得哭起来。打篮球确实让人唰唰长个儿，小学毕业的时候我就1.68米了，后来整个初中因为学业的原因不打，总共只长了4厘米，而那个被"科比郭"打哭的男孩，初一一年从1.60米长到了1.80米，从此以后篮球场就是男孩子们的天下了。

感谢科比，偶像力量不仅让人进步，还让我长个儿。

郭小仙 ▶主持人、腾讯体育女主播

《

上学时，听到男同学们兴高采烈地聊着一个名字，出于好奇看了一场科比的比赛，这个男人在场上的王者模样震撼到我了。不仅是比赛，他一生最爱的女人和可爱的女儿们，让我看到了他内心柔软的一处。曾看到过一个采访，全世界球迷都希望科比可以拥有一个儿子，而吉安娜和科比说："老爸，我会继承你的篮球天赋，可以像男孩一样棒。"

面对人生，你需要全力以赴地拼搏，也需要用尽全力去爱。

yoyo ▶主持人、腾讯体育主播

《

很多不看球的人都认为科比的退役战是NBA安排的剧本，但看过那场比赛的人一定不会这么说。面对科比，爵士队给出了最大的尊重，这份尊重不是目送科比得分，而是全队轮番上阵，用自己最强的防守状态迎接这位球场传奇的检验。我永远记得科比挥手告别的那晚，他用单场60分的表演回应了所有人，用最科比的方式完成了球场的告别。

马思龙 ▶媒体人、体育视频创作者

《

当我加入人生中第一支篮球队时，我体会到了胜利和失败两者的巨大落差，我变得只想赢球！什么是曼巴精神？是万事追求完美？是明知不可为而为之？是狭路相逢勇者亮剑？我到现在不知道怎么用文字把它完美地形容出来。但是在自己努力做到一些事之后，会回头想想，这可能就是曼巴精神吧。不只是篮球场需要这样的精神，做什么事都需要！

姚雪飏 ▶体育媒体人、腾讯NBA编辑

《

作为一个90后，因为科比而关注NBA，也因为科比而热爱这项运动。科比对于我而言意味着什么，我想这很难用简短的文字去表达清楚。他带给我们的指引，是面对伤病、面对绝境所展现出的不屈精神，是只属于"凌晨四点"的偏执与疯狂，是泰山崩于前而色不变的自信和勇气。某种程度上，是他激励我成为现在这个自己。拥有独立的思考，不会做出随波逐流的选择；懂得珍惜，不让机会从指缝中溜走；即使前路坎坷，依然坚定不移、不问结果地前行。

杨朝杰 ▶体育媒体人、腾讯NBA直播导演

对科比印象最深刻的一场比赛，就是他的谢幕战，那场比赛，科比狂砍60分，堪称体育史上最传奇的谢幕表现。不过，科比有太多钟爱的事情，本想着他会一直出现在公众视野中，但在大年初三的那个清晨……那一天，仿佛像做梦一般，不敢相信巨星陨落。

一个人能够坦诚地看向内心深处，为自己设立一个清晰的目标，然后成长，竭尽全力去实现它、永不投降，同时明白关怀他人的重要性和力量。科比做到了，他把精神传递给了所有人！

周凯 ▶《神迹：这样的足球你怎能不爱》作者

科比这个名字，已经超越篮球这项运动的本身。无论是科比还是曼巴精神，所代表的是对一项运动或者一项工作自始至终的专注度和一如既往的热情。高于常人的天赋，超越普通人的努力，再加上对胜利的渴望，成就了独一无二的科比。这种精神不仅推动着他自己，带领着球队一次次冲击冠军，也影响着他周围的人共同奋进，这就是科比身上的领袖精神。他的意外离去是篮球这项运动的损失，但曼巴精神会一直流传下去，影响更多的人去推动这项运动的前进。

寒羽 ▶体育媒体人、体育博主

2020年1月26日，当天清晨有直播，所以醒得很早。在去往演播室的路上，整个人是懵的。到达之后和同事开始议论的时候，才真正意识到这确实发生了而当天本想下班痛快过个生日的我，却过了有生以来最纠结的生日。从小就是艾弗森的球迷，直到科比退役一战之前，内心是把科比当作对手或是敌人看待的。而只有退役的那天，我才发自内心地想让这位伟大的对手继续留在斯台普斯中心的地板上，为我们再奉献哪怕是一场神作。

吕一夫 ▶体育媒体人、腾讯NBA直播导演

这些年经历了很多熟悉的运动员退役离开赛场，感叹时光匆匆的同时，我也时常回味，其中科比的退役是我印象最深的画面。面对球风凶悍顽强的爵士队，科比那一晚仿佛回到了巅峰状态，单场砍下60分的同时还带领球队逆转拿下胜利，这是他最熟悉的赢球方式，在身体机能大幅下降后他还是凭借自己的精神力量告诉所有人，只要他想，他还是最凶狠的"黑曼巴"。

周慧杰 ▶体育媒体人、一点资讯体育主编

科比生涯的谢幕战，我和我的朋友Rex当时就在现场的人群中。当他命中那一记反超比分的中投后，我们和周围素不相识的各个种族的人群激动地拥抱在一起，嘴里喊着自己都听不懂的语言，仿佛我们是数十年未见的老友。

2019年9月6日，Rex幸运地抢到了两张科比新书签售会的票。在我和Rex分别和科比"近距离接触"后，激动得好像可以举起整个地球。几个当地的墨西哥裔"书迷"也跑过来和我们兴奋地击掌，尽管我们是第一次见面。"科比"二字不再是人名，而是一种让我们凝聚的力量和动力。

冯思成 ▶体育媒体人、腾讯NBA直播导演

》》

初识科比的印象已经有些模糊了，大概是 20 年前 "OK 组合" 横扫联盟的时候。那时第一次和同学聊起他，还需要解释他是谁。后来，他变成了人尽皆知的篮球巨星。过了很多很多年，我们又再次聊起科比。我的那位初中同学滔滔不绝地说着科比的话题，每一个故事都如数家珍。在这个虽然不短却也不长的职业生涯里，科比给无数少年编织了一个梦，梦中有一个盖世英雄，在篮球世界里降妖伏魔，无所不能。梦醒了，这些少年背负着孤独的情怀独自上路。他们铭记着那个盖世英雄的模样，并把他的故事传颂给更多的人。

朱袁凯 ▶腾讯 NBA 直播导演

》》

十五岁那年，我认了个师傅。我俩一起打过一场比赛，我不知天高地厚穿了件湖人队 8 号球衣，上半场便被对手打花。中场休息，我问师傅："这球儿咱咋打？"

师傅扯了扯我背后 "布莱恩特" 的字母，说："他咋打，你就咋打。"

而那便是我心中的曼巴精神——狠、横、不讲理、明知不可为而为之。

十二年过去，我跟师傅再未相见。往事如烟，他与你我，阴阳两隔。但直至打下这些文字，我才发觉心中某处的他，好像从未老过。

李寒邻 ▶腾讯 NBA 直播导演

》》

2019 年 2 月份，科比和麦蒂一起接受采访，讲起了他俩在夏天一起训练的故事，科比会先假装嘲讽麦蒂说："都休赛期了，干吗还训练啊？" 然后等麦蒂换上装备去健身房时，科比早已在里面挥汗如雨几个小时了。那一瞬间就有点明白了曼巴精神，不惜一切代价，不管你是朋友、兄弟还是敌人，我要在任何时刻任何地点战胜你。那个时候，我有点开始喜欢上了这个好胜到近乎幼稚的、胡子已经渐渐发白的小学女篮教练。可惜上天没给更多时间让我沉淀这份喜爱。

黄翰 ▶腾讯体育篮球运营编辑

》》

2015 年很幸运地成为了一名篮球相关从业者，更幸运的是，在之后的工作中我参与了科比篮球职业生涯末期许多重要的事件。退役战、双球衣退役仪式，我都在斯台普斯中心亲眼见证，退役战是科比的最后一场 NBA 正式比赛，也是我人生第一次现场看 NBA 和科比的比赛。他生前最后一次中国行，我作为现场直播导演，第一次近距离接触到了他本人。虽然他已经离开，但是曼巴精神一直影响着很多 "科蜜" 甚至 NBA 球员。他说的那句——比赛总有人要赢，为什么不能是我呢？——也一直鼓励着我，在此与所有朋友共勉。

刘洋 ▶腾讯 NBA 直播导演

》》

我的年龄不算大，没怎么看过科比早期的比赛，那两年湖人队和凯尔特人队的总决赛是我喜欢篮球、爱上科比的直接原因。面对强大的对手，一时的失败并不算什么，总结经验与教训，抓住机会一定可以完成逆转，科比在 2009-2010 赛季就带领湖人队做到了这一点。

艾玛 ▶自媒体达人、体育撰稿人

最后一次见科比，是在他的新书《巫兹纳德系列：训练营》的推荐会上，清楚地记得那是2019年男篮世界杯的前夕。主办方通知，推荐会结束后，会有一个群访。为此提前做了功课，写了一份采访提纲，不想浪费这次难得的机会。然而推荐会后，由于球迷太过热情，群访被临时取消。当时只是觉得遗憾，但并没有太过在意，自认为退役之后的科比有大把的时间，自然也会有不少中国行的安排。没承想，一时的遗憾，成为一辈子的遗憾。我终究没有等到与他面对面对话的机会，那个无数次出现在自己稿子、片子中的"黑曼巴"。

宋淼 ▶北京广播电视台篮球记者

我学生时期男生间的话题氛围就是也许你不一定会看篮球，但你一定知道科比。穿着科比球衣和球鞋，永远是篮球场上最让人羡慕的学生。

我的中学是寄宿学校，当时每天获取信息的途径就是通过报纸。现在还记得，每天午饭后的娱乐活动便在教室守着当天报纸的体育版。自己也会通过笔记本记下科比赛事的赛程，然后通过报纸关注科比的得分情况。在娱乐渠道不多的中学生活，科比的得分已经和当天的心情紧密关联在一起。

凌晨四点洛杉矶的故事，会被我作为激励自己的故事写进作文。而曼巴精神，也始终散落在我生活的点点滴滴。就是这些点点滴滴，让我回忆起我的青春岁月时，始终有他的存在。在我心里，MAMBA NEVER OUT！

关岳浩 ▶体育插画师、NGfootball 主理人

关于科比，我印象最深的是他在场边掰回脱臼的手指，重返赛场完成罚球的画面。带伤打球对于科比和那个年代的球员们好像是家常便饭，队医也不能阻挡他们想要上场比赛、带队赢球的决心和渴望。这也是现在 NBA 缺乏的东西。对于篮球爱好者而言，科比就是一种图腾和信仰，无数人因为他而爱上了篮球。"你见过凌晨四点的洛杉矶吗？"一句调侃，却激励了无数少年。

王大伟 ▶媒体人、《SIZE 潮流生活》广告部总监

"重复一遍这个名单，威尔特、我、迈克尔，来跟我一起念，威尔特、我、迈克尔。记住了吗？记在心里，这名单很短。"

末节最后时刻，野球场边的安保怕引起骚乱，让科比先离场，却遭到拒绝。

时间还剩下十几秒，比分是137平，看着面前胡子还不长的哈登，科比重复着同样一句话："我将会终结这场比赛。"

最后一攻，科比持球面对哈登，两个试探步后向左横移，大幅度后仰跳投——三分球空心入网，绝杀！

多年后哈登被问起，何时意识到自己可以成为巨星？哈登提起了那场野球："当我发现自己居然可以和科比对飙的时候。"

李萌 ▶著名体育媒体人、撰稿人

》》

对于科比的记忆，更多的是在我的学生时代，在他退役后关注的就更少了，只是不想通过回忆的方式告诉自己，青春已经逝去。

科比的退役是我们这一代人青春的谢幕，2020年1月26日却是和青春的永别。

再也不会有人和我们讲起凌晨四点的洛杉矶是什么样子；再也不会有人出现在黑暗的洛杉矶街头……

张宇晨 ▶体育解说员、主持人

》》

我是一个足球从业者，坦白说并不太关注篮球和NBA。但是我知道科比，也很欣赏科比。当意外发生的那一天，我也久久陷入沉思，这是真的吗？死亡不是生命的终点，遗忘才是！你留下的曼巴精神影响、改变了一代人，我们永远不会忘记你，科比·布莱恩特。

问超 ▶城市足球集团中国区公关经理

》》

科比之所以与众不同，能在众多球员中脱颖而出，除了天赋之外，靠的就是热爱和坚持。别人训练4小时，他可以训练8小时；别人休息了，他还会继续练。这种对于篮球的热爱很多人或许也有，但能做到几十年如一日坚持训练的可能就他一个，这也是科比最具魅力的地方。

王玉国 ▶畅销书《NBA风云录》作者

》》

"想你了，老大！"说起你的名字，现在脑海里还都是你身穿24号球衣在斯台普斯中心高难度后仰跳投的影子，永远不知道明天和意外哪个先来，或许真的是上帝也想打篮球了，要不然，他为什么要带走你和你最爱的女儿？我相信你的精神会一直传递下去，紫金8号和24号永远是我们这代人的青春记忆，就像歌词写得那样——字不醉人人自醉，因为回忆总是美！

硬币 ▶体育媒体人、自由撰稿人

》》

因为工作原因有幸近距离接触过科比，球场外的科比面对训练的态度，面对竞争时的求胜欲，和他在赛场上表现出的如出一辙，没有人能随随便便成功，科比能够获得那么多伟大的成就，原因就是他对篮球的热爱，对比赛胜利的向往，对提升自己的渴望一直没有改变过。以后再也见不到科比打球了，但过往他那些经典画面会一直留在我的脑海中。

肖恩 ▶体育媒体人、自由撰稿人

》》

科比与我最大的联系可能就是"生日"了，他和我女儿同一天的生日。科比的女儿吉安娜有着超高的篮球天赋，我也希望我的女儿能热爱篮球、有一些篮球天赋。我会用科比的曼巴精神教育她，做任何事都需要有恒心有毅力。"宝剑锋从磨砺出，梅花香自苦寒来"，我会让她明白科比能达到NBA历史前十的位置，都是因为"坚持"二字。

颜小白 ▶体育媒体人、自由撰稿人

科比的影响力如此之巨大，他的粉丝并非只有中年人。前几天在小区的篮球场与几个上小学的孩子一起打球。他们中最好胜的那个小不点，被小伙伴戏谑地称为"科比"。曼巴精神感召了几代人，成为不会蒙尘的光。

最佩服科比的是，哪怕已经功成名就，已带领球队获得过NBA总冠军，他依旧会想尽办法提升自己。这也在提醒着工作中的我，随时有一颗进步之心。

郑泽鹏 ▶ 体育媒体人、咪咕体育解说

我是一个火箭队球迷，因为姚明。但是从我关注篮球那一刻起，科比这个名字，就一直吸引着我，以至于慢慢被他所影响。不仅仅是球场上的科比，更是属于科比的那一份执念，那一种精神。曼巴精神引领着篮球场上永恒的炙热，分别不代表遗忘，传奇意味着经典。我会带着你的精神继续努力，我现在是一个体育媒体工作者，也愿意将曼巴精神在自己的工作中践行。我会永远记住湖人队那个永恒的身影。

史黎新 ▶ 大史爱篮球传媒创始人

有一个故事叫东艾西科、北卡南麦，只有科比去了另一个平行时空，他的豪情壮志，他的鲜活真实，就是一代人心目中永恒的篮球记忆。若干年后，人们可能会想不起科比在哪个赛季夺冠，但一定会记住他的曼巴精神，会有更多的人因为它而不同。

篮球老匠 ▶ 知名体育博主、体育撰稿人

没有哪名运动员能像他一样有这样传奇的一生，经历了不断的起起伏伏，功成身退后，却又以这样的方式离开了我们。每个球迷都有关于科比的记忆，或许是5个总冠军的辉煌、单场81分的神迹、凌晨四点的洛杉矶，或者是载入史册的60分退役战，毋庸置疑，提起篮球，你一定就会提到这个男人的名字。

牛浩 ▶ 篮球媒体人、门户网站篮球编辑

1996年杂志上还管他叫"神户·布兰特"时，13岁的我就极为关注他的比赛和消息，还拿录像带录下当时电视里的NBA集锦一遍遍给我家串门的同学们看："这个人打球好漂亮！"但那时科比在我心中的地位还不及另外两位球星——乔丹和埃迪·琼斯，所以当人们谈论他能超越乔丹、当湖人队为了科比交易琼斯之后，科比成了我的"敌人"。我不屑"OK组合"，不屑他场上的傲气，每一天我都会否定他和他的新球迷们，我成了一个"科黑"。但在"OK组合"解体之后，落单的科比一次次成为孤胆英雄之后，尤其在81分那个夜晚之后，我无奈地看着集锦里的科比说："哈哈哈，好的，我被你打败了，我又开始喜欢你了！"

之后，科比一直让我着迷。

王洋 ▶ 体育媒体人、腾讯NBA直播导演

《

每个人都想赢，科比演绎到了极致，或许，他的生涯并不完美，但他一直没有放弃追求完美，这就是他给年轻人的启示。斯人已逝，精神永存，在篮球历史上，科比的一幕幕肯定一直传承下去，这一幕幕，也会推动篮球朝着更高更强发展，因为科比。

牛志明 ▶《泰山晚报》体育新闻部主任

《

科比，一个在我人生中怎么也抹不去的名字。没有科比，或许我也不会爱上篮球，更不会将篮球媒体作为自己的职业。我还记得在 2009 年的夏天，当时还是一个初中生的我和班上的男生窝在书本底下用手机文字直播看当年湖人队 4∶1 战胜魔术队的总决赛，那是科比职业生涯第四座总冠军。

后来，我的梦想是希望成为一名 NBA 记者，想在现场见到自己少年时的偶像。在 2018 年的夏天，我前往洛杉矶成为湖人队的跟队记者，只可惜当时的科比已经退役。但是，在现场的我却看到了退役后的科比有着更多的从容和优雅。鲜衣怒马少年时，不负韶华行且知。感谢科比曾陪伴了我们这一代人的整个青春，而我也将依旧热血、依旧动容地生活。

E 妹 ▶ 体育媒体人、湖人队前跟队记者

《

在父亲的带领下，我很小就开始看篮球比赛，看 NBA，我爸爸最爱的是乔丹，但我最爱的却是科比。在老一辈人心中，他们始终认为科比只是乔丹的模仿者，但我们这代人却明白，科比就是科比，独一无二的科比。随着科比的退役，我想我的青春也就结束了，可惜命运弄人，我会把你的故事说给我的孩子听，希望曼巴精神能影响更多人。

杜波 ▶ 体育媒体人、里皮纪录片《白银时代》创作者

《

我的主业是国内篮球，但我刚入行的时候，总是执着于将各式的"科比语录"用在文章里，仿佛我笔下的人物冥冥之中便得到科比的某种嘉许。

除了科比，我想象不出还有谁的语言能那样铿锵有力。现而今，我写过的文字，好的坏的稀松平常的放一起，少说也有百万之巨，我成了一个经验丰富的写作者。我不再引用科比的名言警句，因为我不再需要一个权威为我的观点保驾护航，就像我不再需要父母为我遮风挡雨一样。而今我感到悲伤的是，即便有一天我心血来潮想把科比的名言警句用在文章里，他也没有新的素材供我搜索、选用了。

赵环宇 ▶ 体育媒体人、篮球记者

《

于我而言，科比更是我和我初中同班最好两兄弟的涟漪。世纪之初，篮球开始火热全国，当我们从初中步入高中时，也是科比开始独挑大梁之时。虽然当时报纸铺天盖地都是火箭队，但唯有一人可以杀出重围，集万千宠爱于一身，他就是科比。他有着全世界羡慕的天赋，更有举世无双的勤勉。科比是我们这代人记忆中不可或缺的名字，他是励志的图腾，是忠坚的象征。

李巴乔 ▶ 体育媒体人、自由撰稿人

《《

跟大多数人一样，在初中时代接触篮球，科比必然是最先认识的球星之一。虽然称不上是他的铁杆球迷，但如今仔细想来，这一路上跟科比着实缘分不浅：在电视上观看的第一场篮球赛是科比的、现场看的第一场 NBA 比赛是湖人队对阵森林狼队，科比对飙卢比奥……凡此种种不胜枚举。曾经身边"科黑"很多，有些甚至需要将"恨意"写在宿舍的墙上，奇怪的是，这样的人往往最后都会改变态度，可能这就是他独有的人格魅力吧。

李浩东 ▶腾讯视频体育编辑

《《

科比在职业生涯里，大部分时间都不苟言笑，十分冷血苛刻。很多人不能适应他的标准，都对他敬而远之。但令人意外的是，科比退役之后，有那么多的运动员将科比视作人生的导师，有那么多人愿意去追随他，聆听他的教诲。段冉老师在解说时曾说，只要记住曼巴精神，就可以永远不和科比说再见。是的，只要曼巴精神还能砥砺我们前行，科比就还活在我们心中，从未离去。

张忠健 ▶体育自媒体人、体育撰稿人

《《

我们因"8"生爱，为"24"而痴狂，你为篮球奉献了你的一切，就连离开也是为了篮球，请原谅我们的贪婪，我们还没看够你的表演！相信有无数人和我一样期待着时光能够扭转，一切仍是你最好的模样！

张建义 ▶体育媒体人、小贱侃球创始人

《《

科比在他人生的最后一次采访中说过："在过去的二十多年里我每一天都坚持训练，因为我知道我的垂直弹跳只有40英寸，没有46英寸那样的天赋，我的手不算小，但没有那么大，所以我必须训练出强壮的身体和出色的力量来弥补；我的速度不慢，但并非快如闪电，我移动不慢，但不是迅捷如风，我只能比其他人更依赖技巧，更依赖脚步去进攻，要更懂得阅读比赛寻找机会从而弥补运动能力的差距。我从来不是天赋最好的那个人，但是我非常享受这种境遇，天赋的缺憾让我变得更加强大。"这就是科比的精神，上天没有给予你完美的生命，但你自己可以亲手造就更好的自己，起点的高低，不能决定你终点在何方。

王浩鉴 ▶体育媒体人、腾讯体育编辑

《《

由于工作的原因，让我得以更加深入地了解科比，也更理解他为何走向成功。在主导科比球衣退役仪式报道时，我听到队友、专家、球迷对他的啧啧赞叹；在翻译科比魔幻小说《巫兹纳德系列：训练营》时，我读到科比对于细节的极度偏执；在暑期中国行的商业活动上，我看到他在训练营里一丝不苟，惩罚不认真的学员做折返跑；而在一对一专访与科比面对面直接对话时，我的感受最直观不过——"我只是对篮球无比热爱"，他对我说。一句 NBA 经典解说词，放在科比身上恰如其分："如果你连这都不喜欢，就是不喜欢 NBA ！"（If you don't like this, you don't love NBA basketball！）

杜巩 ▶体育媒体人、腾讯 NBA 高级编辑

《《

电影制片人，作家，商人，篮球运动员，我们很难去用一个身份定义科比。我曾经一个人从北京飞到广州来到科比的壁画面前，亲身去感受人们对于科比的思念。当我看到壁画前一簇簇鲜花时才恍然明白曾经自己认为荒谬的词语"永生"真正的含义。科比的存在曾为世界千千万万的人们指引了方向，他的曼巴精神也将永存于世继续影响世世代代的人们，也许这就是"永生"的寓意吧。

罗子琪 ▶ 小虎篮球说创始人

《《

科比为什么能成为男生们的信仰？

他动作飘逸、球风华丽、得分爆炸，拿下无数荣誉，是 21 世纪头十年 NBA 最具代表性的人物。

他铁血、顽强、对抗伤病，展示了男人的霸气、勇敢与血性。

科比说曼巴精神就是"永不言弃"，其中有热情、执着、严厉、回击以及无惧。

他偏执好胜，甚至趋于狭隘，但他最苛刻对待的人，永远是他自己。

科比代表着个人英雄主义、偏执、自律、欲望、胜利、无畏、自信，当然，也代表着青春。

李剑超 ▶ 体育纪录片导演

《《

湖人队历史上出过太多的名人，从乔治·迈肯到埃尔金·贝勒，从张伯伦到"魔术师"，一件件熠熠生辉的球衣悬挂在斯台普斯中心的上空，唯有 8 号与 24 号同属一人。科比建立的紫金王朝或许终会消散在历史的长河之中，但曼巴精神终是那不可抹去的时代记忆，被无数后人所追寻。

李湘龙 ▶ 体育纪录片导演

《《

科比的影响无处不在。球场上随处可见，身着科比球衣的篮球爱好者；校园里讨论五冠王的话题；媒体上讲述着曼巴故事的节目等。

曾经想过，用怎样的角度、怎样的脚本，才能在视频中完美地呈现科比。这或许真的很难做到，因为科比的故事，怎能用简单的镜头交代清楚呢？

致敬黑曼巴，感谢他的陪伴。

王时禹 ▶ 体育纪录片导演

《《

"科比"于我是绕不开的话题，不仅因为体育从业者的身份，更因为身边就有一个"科蜜"，这个人是我老公。前些天他打球单挑输了。他在那个球场很少输。大概因为前一天拼命练习新动作，所以状态不佳。分析了一圈原因后他说了句："要是能再来一把就好了。"我问："你今天状态差，再来一把不怕又输了吗？"他回："你没听过我科的一句话吗？'我宁愿 30 投 0 中，也不要 9 投 0 中'。"这大概就是"科蜜"的基本素养，也是对曼巴精神的传承。

黄娴懿 ▶ 体育纪录片导演

初中开始打球，高中开始看NBA。最钦佩的是科比，他对目标极度渴望，高度自律让人尊敬。纯粹从篮球运动观赏的角度，他的每一次后仰跳投，每一次华丽转身过人，每一次绝杀，甚至比赛失败后坚毅的眼神，都是享受！几乎红着眼看完他的退役赛，60分是向他的致敬！可是他走了，或许真的是上帝想找一个人打篮球。

侍文叶 ▶ 爱奇艺体育商业分析师

辉煌的背后是历尽无数的艰辛，唯有不断努力前进，才能达到一个又一个新的高度。科比用他的故事告诉我这个道理。体育圈从业近10年，我深知科比带来的影响力有多大，也知道这种影响，会永不退场。

陈树荣 ▶ 新浪体育资深编辑

一个故事，总是需要时光去酝酿他的好坏。一把兵刃，无数的交锋之后才能感受它的寒意。一个剑客，二十载的冷血骄傲方能铸成岁月的丰碑。二十年前，科比拔出了他的紫金剑，毫无破绽的剑术一次又一次地帮助湖人队击败通往奥布莱恩杯路上的强敌。二十年后，等你诉说。

一才 ▶ 一才话体坛MCN创始人

对于科比，我想说的只有两点：当年高考落榜之后，是曼巴精神给予我复读的勇气；也是科比，让我选择了如今的体育媒体行业。

末位评论 ▶ 体育媒体人、撰稿人

在体育圈，我被两个人折服。一个人是C罗，他有足够的天赋，但是最可怕的是，他有着让全世界惊叹的勤奋。另外一个人就是科比，天赋、勤奋之外，他还有着抗争精神，一次次伤病，未曾让他退缩过分毫。

周豪骏 ▶ 懂球帝资深产品运营

科比的无畏无惧带给我太多的动力。他不是天之骄子的状元郎，但是他的韧性和好胜心时刻激励球迷和后辈。多年来科比的海报一直挂在我的床头，我的电脑壁纸也是科比，谢谢你，在我青春的路上一直陪着我长大，你走了，我们却永远不会忘记你坚韧的眼神。

张华桥 ▶ 体育媒体人、撰稿人

《《

我的儿子虽然很小，但是我现在已经开始教他打篮球，而且会跟他讲讲那一场81分的盛宴，讲讲那载入史册的谢幕演出。每一次，我都会告诉自己的儿子，我曾经有一位非常伟大的偶像，这就是他的故事。

李冬冬 ▶ 媒体人、篮球短视频创作者

《《

半生戎马，紫衣悬挂，无论你是否认可或者推崇科比的打球方式，但你都曾被他激励过。强悍到让人叹为观止的内心、对自己近乎变态的自律、对梦想近乎偏执的追逐，让科比·布莱恩特铸就了伟大的生涯，书写了绚烂一生，定义了曼巴精神。

知其不可为而为之，虽千万人吾往矣。正因如此，科比·布莱恩特才会被这个时代、被无数球迷所铭记。生命的终点不是死亡，而是被遗忘，如此看来，科比的生命将会漫延许久。虽然他的人生猝然终结，但他的故事永远不会有句号，他散发的精神圣光将激励一代又一代人。那些关于梦想的故事，那些催人奋进的篇章，那犹如图腾式的曼巴精神，总会在我们需要他的时刻，在你我的心中暗涌奔腾。

梁毅志 ▶ 纪录片导演、畅销书《优雅王者》作者

我们是一个做体育图书的团队，从成立的那一刻起，就想着做一套有关科比的书。

直到段冉老师的书稿呈现在我们面前，《科比，永不退场》就这样应运而生。

我们的团队中，有的从事体育行业十余载，有的是体育行业的新人。每个人对于科比，都有着不同的感受。但是我们有一个共识，在21世纪的体坛里，找寻最有感染力、最有精神传承的那一个，就是科比。我们团队的宗旨是"书写真实的体育故事"。这本书就是还原一个最真实的科比，一个我们永远不能忘却的科比。也希望我们所有的人，都像科比一样，永不退场。

ZB直笔体育 ▶ 本书策划团队

《《《 **与科比**

——— CONTENTS 目录

第一章

费城
之缘

1978.8.23

是的，科比·布莱恩特在费城出生，但在他很小的时候，父亲乔·布莱恩特就为生计所迫而举家奔赴意大利，这样，《费城故事》基本删掉"黑曼巴"的童年时代了。童年才是最美好的，不难理解，日后他对于这座城市的记忆主线是"怨"与"恨"。

Dear Basketball

Dear basketball,
From the moment
I started rolling my dad's tube socks
And shooting imaginary
Game-winning shots
In the Great Western Forum
I knew one thing was real:
I fell in love with you.
A love so deep I gave you my all——
From my mind & body
To my spirit & soul.
As a six-year-old boy
Deeply in love with you
I never saw the end of the tunnel.
I only saw myself
Running out of one.
And so I ran.
I ran up and down every court
After every loose ball for you,
You asked for my hustle
I gave you my heart
Because it came with so much more.

I played through the sweat and hurt
Not because challenge called me
But because *YOU* called me.
I did everything for YOU
Because that's what you do
When someone makes you feel as
Alive as you've made me feel.
You gave a six–year–old boy his *Laker dream*
And I'll always love you for it.
But I can't love you obsessively for much longer.
This season is all I have left to give.
My heart can take the pounding
My mind can handle the grind
But my body knows it's time to say goodbye.
And that's OK
I'm ready to let you go.
I want you to know now
So we both can savor every moment we have left together.
The good and the bad,
We have given each other
All that we have.
And we both know, no matter what I do next
I'll always be that kid
With the rolled up socks
Garbage can in the corner:
05 seconds on the clock
Ball in my hands.
5···4···3···2···1
Love you always,
Kobe

2015 年 11 月 29 日，科比·布莱恩特在球员论坛网写下了一首诗体文。这首诗体文的名字叫 **Dear Basketball**，翻译过来就是《致篮球》或《亲爱的篮球》，由**科比本人亲笔撰写**。这首诗体文，无异于一颗重磅炸弹投在了 NBA，爆炸后令全世界为之震惊：这，**正式宣告了"黑曼巴"的最终决定。**

2015—2016 赛季结束，科比·布莱恩特终结自己长达 20 赛季的职业生涯。

情感是人与生俱来所拥有的，再见是人与生俱来的告别方式。当你离开自己熟悉的球馆、熟悉的队友和工作伙伴、熟悉的位置、熟悉的开场仪式、熟悉的走廊通道、熟悉的停车位……所有的，一切就好像昨日刚发生一样。**再见，只是为了重新开始，只是换一种新的生活方式。**

对于科比·布莱恩特来说，最痛苦的再见就是与他一生都紧密相连的篮球，或许科比以后会用另一种方式继续讲述篮球与他之间的故事，可是，现在，他真的要说再见了。科比仍有太多太多的不舍。但是，2015 年 11 月的艰难已经令他明白：是时候说再见了。场均 14.9 分，命中率仅有 29.3%，三分球命中率只有 20.6%，这样的表现连科比自己都感到作呕。

这位在世界顶级联赛 NBA 服役长达 20 赛季的传奇，戎马一生，他获得的荣誉已经超过一切。谁不想风风光光地走完自己的最后赛季？但科比还是提前选择了告别，最起码，当人们再提到他的最后赛季的时候，也都知道他早已经选择退役——他只要学会如何享受比赛就够了。作为在全世界有着巨大影响力的球员，他所做的每个决定都影响着世界，影响着每个人。

天赋和努力是相辅相成的，尤其是在科比的身上体现得淋漓尽致。他以迈克尔·乔丹为榜样，致力于追赶迈克尔·乔丹，并为此付出了太多太多的汗水。只是，穷尽 20 赛季，科比仍无法追上自己心目中的"神"，天命使然，不如认命。

"*Hero come and go but legend forever*"，信达雅的翻译，正所谓"**英雄来来往往，唯有传奇永恒**"。

宣布退役时间的当日，洛杉矶湖人队在斯台普斯中心迎战印第安纳步行者队。这支球队的核心——保罗·乔治，被认为是"黑曼巴"的真正接班人。此刻，偌大的球馆内弥漫着伤感气氛。就连更衣室也不例外，以至于科比都忍不住询问有些怪异的理疗师。

"怎么啦？"

"真的想好了？无论如何，我都会一直帮你调整好状态，让你准备好每一场比赛。"

"其实我也不想这样，但现在的背部与肩膀，感觉真的没有以前那么好了。"

科比望着与自己朝夕相处、全力帮助自己调整身体状态的理疗师，淡淡一笑。队友知道了这个消息，球迷知道了这个消息，非常荣幸，我就在采访科比宣布退役时间后的第1场"告别巡演"的现场。

尽管每个人都明白"黑曼巴"距离告别的那一天已经不远，但当他本人亲自宣布这一消息的时候，还是令人感伤。在科比身边战斗的队友们，他们又是怎么看待"黑曼巴"的退役的？显然，每个人都有一箩筐的话要说。

"我今天走进更衣室看见德安吉洛·拉塞尔正在祝贺科比。"居利叶斯·兰德尔告诉我，"我是问了祝贺什么后才知道科比刚刚确认赛季后退役这事的。我不知道拉塞尔为什么要祝贺，反正我很伤心。"

在今年休赛期接受我的采访时，兰德尔还表示自己非常感谢科比：在进 NBA 以来对自己帮助最大的人就是科比。同时他也表示，他会在场上努力打拼，希望能挽留科比，让他推迟退役。如今，当得知"黑曼巴"确定退役日期的时候，兰德尔心中自然不好受。

"这对我来说真是伤心的一天。"兰德尔说，"我都不知道他离开后我们该怎么办了，因为他的战斗精神与领导能力是没人可以替代的。"

作为科比的老战友，慈世平（原名罗恩·阿泰斯特，后改名为慈善·世界·和平，简称慈世平）当年曾经跟随"黑曼巴"南征北战，并且一同夺取过总冠军，此前在接受采访时，慈世平也表示，正是科比的激励，让自己努力重返 NBA。当谈到科比退役话题时，慈世平反而显得非常轻松，他打趣说科比赛前送给自己一张亲笔签名的"告别信"，这让他受宠若惊。

"我知道今天到场的球迷每人都有一张（科比退役信）。"慈世平对我说，"但我的这个是科比亲笔签名的。我太激动了。能亲眼见证科比的最后一个赛季让我太兴奋了！他是这个星球上最棒的球员，没有之一！"

保罗·乔治——科比的忠实粉丝，在 2015-2016 赛季将球衣号码更换成 13 之前，他身披的是 24 号。这，无疑是向科比·布莱恩特致敬。在微妙的气氛下，科比走出了球员通道，他与队友们击掌，所有人都围拢在一起，彼此大声鼓励。这支输得七零八落、一度士气低迷的球队，前所未有地团结一致。他们渴望拿下胜利，渴望为科比带来一份礼物。而作为步行者队的主将，乔治望着湖人队阵营，望着科比，表情复杂。

比赛还剩 12 秒，科比出手，三分球命中，只差 2 分！ 机会来了，乔治十分"配合"地两罚不中，仿佛就像一首忠诚的赞歌。只差 2 分，一锤子买卖，科比接球，出手，没有打铁的声音，因为直接投出了三不沾……

"哄！"现场发出了巨大的叹息。

科比叉着腰，笑得发自内心，露出了一口白牙。

"去他妈的胜败，去他妈的盛衰枯荣，让一切统统见鬼去吧，从现在起，我要好好享受篮球了！"他的表情，仿佛在诉说这样的碎碎念。

4 分的分差，步行者队赢得惊险，而科比的表现并不出色。赛后，保罗·乔治径直走了过来，如同粉丝在偶像见面会上一般望着科比；球迷们久久不愿离开，他们呼喊着"科比"，呼喊着他们心中的 MVP。

科比一如既往地来到妻子和孩子们身边，与他们一起返回更衣室。

"我从小看科比打球长大，所以他是我心中的迈克尔·乔丹。"

保罗·乔治的这句话或许就是大部分球迷的所思所想：作为 85 后乃至 90 后的他们，科比·布莱恩特贯穿了他们的篮球记忆。

而对于目前的 NBA 联盟年龄最大、资历最深的主教练格雷格·波波维奇来说，科比曾经是他的噩梦，曾经是一个极其难缠的对手。当听闻"黑曼巴"做出退役决定的时候，老爷子是怎样想的？或许，他的言论道出了许多 NBA 球员和教练的心声。

"在我的记忆里，所有关于科比的印象都是他怎样带领球队打败我们。姑且不说他的能力，单说他的精神，**每场比赛他都怀揣着旺盛的斗志，他就像一头猛兽那样，在场上摧毁每一个对手。他是如此凶猛、好斗、富有侵略性。**很多人都不清楚他的那种精神。"

从踢足球的大卫·贝克汉姆到在加拿大打篮球的德玛尔·德罗赞，从与科比对战互有胜负的德克·诺维茨基到科比的队友卢克·沃顿，每个人都为科比送出祝福。而远在芝加哥的保罗·加索尔，怎能按捺得住？湖人球迷曾天真地认为，"K 老大"与西班牙人一定能天长地久，可正所谓"天下虽大，却无不散的筵席"，昔日两连冠的最大功臣去了芝加哥。

然而，大加索尔虽已远去，但相互的情感却仍彼此珍藏心中。

"无论场上场下，我们共同经历了很多难忘时刻，兄弟，谢谢你做的一切。"

短短一句话，囊括了所有。

回到更衣室，科比望着瓦妮莎，望着自己的孩子们。"都准备好了吗？"瓦妮莎笑着问道。科比点了点头，他起身，清理了一下行头，准备迎接历史性的一刻。媒体室被围得水泄不通，科比身穿一身灰色复古西装，慢慢走了进来。

记者疯狂上涌，就像中国春运时求购火车票似的。瞅着这场景，科比笑了。

"各位有什么想问的，慢慢来。"

"是什么原因让你做出退役的决定？"

一个再常规不过的问题，令科比打开了话匣子。

"一直以来我都有这样的想法：本赛季结束后，我将选择退役。但我也一直都在问自己：'真的要这样吗？'我在想，如果情况有变，我就会改变想法。但问题是，究竟什么情况会影响我的决定？做出这样重大的决定，终归不能因为外部因素决定，终归要遵从我内心的想法，看看我能不能、还想不想继续打下去。如今，我终于得到了发自内心的答案。在选择退役宣布后，**我感觉自己身上的担子轻了许多，大家或许也是这样想的**。所以我认为，这个决定是正确的。"

"那么你认为自己身心俱疲吗？"

又一个问题被抛了过来。

科比摇了摇头。

"没有，真没有。在这个赛季第1次打背靠背比赛时感觉身体很累。不过讲真的，我感觉很高兴，突然有了一种**解脱的感觉，也对未来的生活兴奋不已**。"

记者 "是什么原因让你做出退役的决定？"

科比 "在宣布选择退役后，我感觉自己身上的担子轻了许多，大家或许也是这样想的。所以我认为，这个决定是正确的。"

记者 "那么你认为自己身心俱疲吗？"

科比 "没有，真没有。我感觉很高兴，突然有了一种解脱的感觉，也对未来的生活兴奋不已。"

"现在我感觉非常平静，我努力训练，真的竭尽全力。尽管表现一直都很糟糕，但我真的很努力。我当然不希望自己表现得这么糟糕，但我尽力了，我只是希望自己能问心无愧。"

科比很动情，有些激动，他已经**认清现实，认清"人老不以筋骨为能"的生理规律**。可当真正直面告别时，科比仍忍不住百感交集。

是伤感？

是不舍？

是如释重负？

还是其他？

或许连科比自己都给不出一个正确的答案。

"在我的冥想里，篮球总是围绕着我，可是现在它已经不在了。有时候它又会出现，但不会经常出现了。从那时起，我发现篮球不再是我生命中最重要的事了。"

科比的宣言宛若分手通告。"我给你最后的疼爱是手放开"，唱得真好，放手也是一种解脱，是时候说再见了。

"连我的女儿都知道，她们的爸爸对篮球的热情已经不像以前了，她们也知道我也不能像以前一样打球了。不过，我也有更多的时间陪伴家人了。好漫长的一段时光，就像是一个轮回，成长，成熟，所有的一切都是自然规律，我自己想象了一下，这是再正常不过的事情，所以我并没有很忧伤。我拥有太多的荣誉，如今的我已经不可能一步过掉防守我的人，这是一种美，如今的我，每天早上起床都会感到浑身酸痛，这也是一种美。我清楚自己付出的努力，没有感伤，**只有感激**。"

"我感觉这一切都很好，真的很好，因为我一直在不停地努力，从来不会停歇。不管今天有没有比赛我都在训练，一天进行三次拉伸，回到家中还要再做一次拉伸，然后进行冰敷。**在我的脑海里从来都没有'放弃'二字，而是始终努力去训练，看看自己到底行不行**。这就是我。我不会向任何事情屈服。我也了解我自己现在的情况，但我还是会不断努力。"

面对记者的问题，科比时而侃侃而谈，时而沉浸在自我感慨之中，26分钟的新闻发布会，就像是科比的个人秀。他是绝对主角，他是会场的绝对焦点。当被问及迈克尔·乔丹时，科比的脸上又露出了谜一样的微笑。但在那一刻，科比才透露了自己对于迈克尔·乔丹的想法：

亦敌亦师，亦师亦友。

"我决定退役后，告诉迈克尔我的想法，他给了我这样的回复：'兄弟，尽情去享受吧，无论是好的还是坏的，只要去享受就行。'"

科比曾经说过他不想拥有告别仪式，但在这个时候宣布赛季退役，最后一场常规赛终究会变成一场不普通的比赛，会变成他的告别仪式。会不会哭出来呢？

"当然不会在场上哭出来。但是要说一点儿感情波动都没有，那肯定是骗人的。之前我一直在心里默念'就这样吧'，可真要说出来的时候还是会有些一切都要结束的感受。"

是的，何必哭呢，人生已经如此圆满。**5 冠在手**，虽然未能超越迈克尔·乔丹，**得分高居历史排名第四**，这已经是十分了不起的成就了。更别提科比的职业生涯充满了浪漫与传奇，他曾经消沉过，曾经落寞过，曾经年少轻狂过，也曾经人人喊打过。可临到末了，伴随着科比的，是荣誉，是鲜花，是掌声，是来自四面八方的敬重。科比说，有太多太多的球员给他发送短信，这一切，令他感到欣慰，一切都值得了。

26 分钟的新闻发布会匆匆而过。时间是公平的，不以物喜，不以己悲，不会因为这是科比的退役发布会而肆意延长。当湖人队公关宣布发布会到此结束后，科比站了起来，感谢了每位出席的记者、每家出席的媒体。科比曾桀骜不驯，曾怒骂媒体是"白痴""傻瓜""蠢货"，而在今天，这个特殊的日子里，无论是媒体还是科比，都相望着对方，不由"扑哧"笑出声来。

"斗了这么多年，原来对方还挺可爱的呢。"

如释重负，瓦妮莎走了过来，挽着科比，一家人如同往常那样，走进停车场。这一幕，在以往任何一个湖人队的主场比赛中都会出现，只是今日变得格外不同。尽管这句话无比恶俗，但仍不得不被再度提及——漫长的时代，即将画上句号。

也许是机缘巧合，湖人队接下来的赛程，不，严格来说应该是"科比·布莱恩特告别巡演"是连续 8 个客场，打头阵的是费城。

费城，科比·布莱恩特生于此、长于此的地方。这里有他童年的羁绊，也有他与家乡父老的恩怨情仇。***2001 年的总决赛***，费城人科比代表洛杉矶湖人队与费城英雄阿伦·艾弗森统领的 76 人队决斗。尽管第一战"答案"（阿伦·艾弗森）赢了，然而，随后在他们的地盘所发生的一幕却令费城球迷感到失望："OK 组合"如同巨兽一般***撕碎了76 人队，干脆利落，4：1，科比志得意满地举起了奥布莱恩杯，也由此成为费城公敌。***

每次科比回家，总会有大量的嘘声迎接他。对此，科比不以为然，反而认为这是一种享受。然而，本赛季当科比正式宣布自己退役的那一刻，一切就变得截然不同了：劳尔·梅里恩高中、家乡、家乡的球迷……一幅幅画卷，就像电影倒带那般，在他的脑海中反复播放。

一切的起源，都在费城。一切都必须从费城说起。

一身紫金战袍征战沙场，转眼间已过***20 赛季：5 座总冠军奖杯、单场砍下 81 分、历史得分榜上排名第四***，科比·布莱恩特不只是科比·布莱恩特，更是一个时代的记忆，一条"黑曼巴"。

1978 年 8 月 23 日，只是历史长河中无比寻常的一天，正所谓"没有紫气东来，没有云起五色"，但对于篮球、对于 NBA 来说，这是不寻常的一天，因为在宾夕法尼亚州的费城，一个将会影响一个时代的人出生了。

没错，这个人就是科比。

8 月 23 日，处女座的第 1 天，但在某些星座表中也是狮子座

的最后一天——拥有双星个性，科比注定是个矛盾的结合体。

现实生活中，处女座处处招黑，甚至被身旁的朋友称之为"**极品和另类**"，但事实上，世界上很多成功人士都是处女座，比如马云、沃伦·巴菲特、罗纳尔多等，一丝不苟、追求完美的个性让这些别人眼中的"极品"最终走向了人生巅峰。

"What I'm doing right now, I'm chasing perfection."

估计很多"科蜜"都知道这句话，翻译过来就是：

"我现在所做的一切，都是为了追求完美。"

通常，处女座在做任何事情的时候都希望能够做到极致，极力去追求完美，所以在2014-2015赛季，你能看到科比为了复出严格控制着自己的饮食；所以在他职业生涯末期湖人队一蹶不振的时候，科比会说出："对我来说，那太残忍。"

不管你承不承认，有些东西就是与生俱来的，比如说王者风范。作为一个"双星座"的球员，**科比喜欢直来直往，喜欢单打独斗**。不管是什么时候，科比都**没有惧怕过任何对手，具有极强的好胜心**。这些都是科比能有今天这样的成就的重要原因。

说到这里，你可能听着都有些玄幻的意味，正所谓"三岁看到老"，要了解科比，我们还得从头看起。

正所谓"虎父无犬子"，现在很多人都知道，斯蒂芬·库里的父亲戴尔·库里是NBA有名的三分球射手。汤普森一家人更是厉害，"一门五球员，父子三冠军"，米切尔·汤普森是1978年NBA的头号新秀，出生于巴哈马的他还是NBA的第一位外籍头号新秀。而在中国体坛，这样的情况依然存在，姚明的父亲姚志源身高2.08米；而姚明的母亲方凤娣身高 1.88 米，20 世纪 70 年代是中国女篮的主力中锋兼队长。父母的基因赐予了他们超出常人的身高，赐予了他们超强的运动能力，而从小就受到这样的家庭熏陶，又经常会有篮球明星亲自指导，这样的成长环境，谁又会不钦羡？

算起来，科比也算是将门虎子，*科比的父亲名叫乔·布莱恩特*，1954 年出生于费城，虽然无法和米切尔·汤普森相比，但在那个时代*也算是颇有天赋的一名球员*。乔·布莱恩特是费城人，1972 年曾帮助自己所在的中学夺得了费城地区高中联赛冠军，也是那时候，乔遇见了科比的母亲帕梅拉·考克斯，一见倾心。

布莱恩特一家人注定要和篮球结缘：乔和帕梅拉的第一次约会就是在篮球场边。大学时期，乔效力于拉萨利大学，而帕梅拉的哥哥，也就是科比的舅舅，效力于费城的另一所大学球队，当两支球队较量时，乔向帕梅拉求婚——听起来就像是偶像剧里面的情节。

天赋在身，在进入 NBA 前后的一段时间，可以说乔·布莱恩特是要什么有什么，呼风唤雨，无所不能。1974 年 9 月 3 日，芝加哥公牛队用 1 个首轮选秀权和克利弗德·雷从金州勇士队换得日后入选 50 大巨星的内特·瑟蒙德，而正是这个选秀权，1975 年 5 月 29 日，乔·布莱恩特在首轮、第 14 顺位被金州勇士队选中。但勇士队薪资不高，乔也不愿意去遥远的西部，几经波折，当年的 14 号新秀在当年 9 月 12 日被金州勇士队甩卖，他如愿在 1975-1976 赛季开始前回到费城，并与 76 人队签订了 5 年、总薪金将近 100 万美元的天价合同——在当时，的确算是天价合同了。

不过要说起 NBA 生涯，乔可不像科比这般辉煌，老实说甚至都算不上成功。在那个需要浴血拼杀的年代，他的*技术动作华而不实*，拥有大前锋身高的他更喜欢运球和投篮，或许生在如今的这个年代，乔会有更大的用武之地，但那是 20 世纪 70 年代。

费城 76 人队、圣迭戈快船队、休斯敦火箭队，一转眼乔·布莱恩特的 NBA 生涯便要宣告结束了，1982-1983 赛季过后便无球可打，一共也就 8 个赛季。熬到 1984 年，再也没有球队想要乔·布莱恩特了，虽然那时候他才 30 岁，但他华而不实的打法，当时的各支球队都看在了眼里。

"乔可以做出任何动作，他的传球技术在联盟中仅次于'魔术师'，但他天生就该待在禁区，而不是去打组织后卫。"科比在湖人队时的第一位教练、中国男篮曾经的主帅德文·哈里斯曾这样评价科比的父亲。

"乔经常穿着舞蹈服装出现在场边，戴着大墨镜，叼着雪茄接受采访。他不爱干脏活儿，不注意提升技术细节，即便是天赋再高也无法更进一步，他生来只为表演，而不是求胜。"湖人队名宿杰里·韦斯特也曾这样评价科比的父亲。

单论球技，很少有人说科比父亲的好话，尽管科比如日中天。

所以，如今你看到的科比，虽然也带有"紫金军团"的贵族气质，但转身跳投、后仰，一招一式都踏踏实实，这显然是科比对乔·布莱恩特篮球哲学的一种改进。

就是这样，乔·布莱恩特在费城 76 人队混迹了 4 个赛季，在此期间，他的第 3 个孩子科比·布莱恩特出生了。这里插播一段，如今，科比的名字大家已是如雷贯耳，但关于他名字的由来，其实还有一件比较有意思的故事。

和中国人一样，美国人起名也不是随随便便的，今天高兴就叫勒布朗，明天灵光乍现就叫克里斯，当然还有一些属于另类的，比如效力于波士顿凯尔特人队的伊赛亚·托马斯，那是他爸爸和朋友打赌输了的结果。

科比之所以叫科比，其实是来源于一道菜：科比出生前，乔和帕梅拉经常前往费城的一家高档意大利餐厅吃饭，当时他们特别喜欢吃这家餐厅的一道牛排，而这份牛排的名字就叫作"KOBE"，从那时起，布莱恩特夫妇就决定给自己的孩子取名"KOBE"。如果这样想，夫妇二人也是够随性的。再看看迈克尔·卡特·威廉姆斯，听名字就注定他是一个不凡的篮球少年，但在夺得 2013–2014 赛季的年度新秀后却日渐平庸，2014-2015 赛季便被费城 76 人队交易到密尔沃基雄鹿队效力，2015-2016 赛季只出战 54 场，其中还有 17 场打替补。

当然，事实证明，科比的未来也不差，只不过那时候他老爸的 NBA 生涯就有点不太顺了。

1979 年 10 月 5 日，一桩交易过后，乔·布莱恩特转投圣地亚哥快船队，但在那里，他也没能待多长时间。1982 年 6 月 23 日，一桩交易再次发生，乔·布莱恩特来到了休斯敦，在那里，他打完在 NBA 的最后赛季，自此大门关上了。

那年，乔·布莱恩特只有 29 岁，理论上正是当打之年，但在那个时代，他的风格和当时的铁血篮球风格完全背离，而且他还有家人，还有三个孩子需要抚养，**当经纪人告诉他去欧洲打球也能赚钱的时候，乔和帕梅拉便拖家带口，前往大西洋的彼岸。**

科比与费城的故事，暂告一段落。

MAMBA
FOREVER

第二章

意大利
时光

1983 - 1991

远赴意大利，科比的童年暂时与美国以及美国篮球文化断绝了关系，不过，这儿的足球造就了他日后独震天下的步法。之前，得如此功底的，只有本就是足球运动员的"大梦"——人生的每一次选择，主动的或被动的，事前真的很难预料是福是祸、是好是坏。

异国他乡

在我们看来欧洲人和美国人差不了太多，乍一看，没什么区别，但可能你听说过这样一句话，"百里不同风，千里不同俗"。这个问题大概就和我们中国人吃粽子主要是吃什么馅类似，尽管同属于中华民族，但在吃、穿、住、行等方面，南方人和北方人有很多不一样的地方。而**从美国前往意大利**，这对于乔·布莱恩特以及小科比来说，**都是一个不小的挑战**。

乔·布莱恩特将他的下一站定在了亚平宁半岛，也就是我们在地图上所看到的那个类似于高筒靴一样的国家。和美国不一样，这里有比萨斜塔，有斗兽场，有教皇，有厚重的历史，当然也有意大利面。不过，这些对于乔·布莱恩特来说并没有什么难接受的，最难以让他们接受的是语言——这里不是大不列颠，这个国家说的是意大利语。

语言不通，去一个陌生的地方你就如同一个哑巴。如果你认为意大利和英国离得近，意大利语就好学，那可是大错特错了。"高大上"一点儿说，意大利语属于拉丁语系，与法语、西班牙语以及葡萄牙语比较接近，而英语和德语属于条顿语系。也就是说，小科比刚刚熟练地掌握了一门语言，转眼间他却又不懂得如何开口说话了。

最初来到这里，小科比只能每天陪伴在两个姐姐的身边，好在随着时间的推移他也逐渐学会了意大利语，有了新的伙伴。

乔·布莱恩特是职业篮球运动员，多多少少，小科比在这方面都会受到影响。但问题是，意大利从来都不是一个篮球国度，国际米兰队、AC米兰队、尤文图斯队、迪诺·佐夫、保罗·罗西再到后来的罗伯特·巴乔，科比的这种感觉就像是大卫·贝克汉姆去美国的大联盟踢足球一样。

母亲明白小科比的心思，特意买了个篮筐，就安装在自家院子的后边。于是，在那里，有小科比幼时无数的汗水，也有小科比无数个孤独的身影。

现在大家都知道，科比是一个基本功特别扎实的球员，而以我的观察，这种扎实的基本功是来自超乎常人的训练与严谨。小科比是如何训练的，我看不到，我能看到的是他成名之后的一如既往，甚至在自己的训练营都会因为小孩子的偷懒而大发雷霆。

训练营的地点就在洛杉矶，在做全场折返跑时很多小球员摸不到线，有的就用脚尖去踩一下。科比仅看了 20 秒，一声大喊："停！"然后大怒："你们是骗我呢，还是骗你们自己呢？如果我小时候就这么训练，我就不可能是现在的 Kobe Bryant！"

大骂后，小球员们都不敢再偷懒了，一个个乖乖去碰线。整个训练营即将结束的时候科比又提到此事："**这不光是对篮球，这么做是培养你们做人的态度**。你们在折返跑时可以偷懒不去碰线，可能比赛里有一个地板球你就不会去抢。训练是最枯燥的，训练中基本没有花样扣篮和耍球，即使打出再漂亮的球也没人鼓掌，但是训练就是一切，你们明白吗？"在这里，我大约可以猜测小科比是怎么练球的。

如果要追溯起来，他今天的一切成就，应该是从那时候开始的，**也是从那个篮筐开始的**。

足球的故事（一）

在 NBA 科比虽然朋友不多，但他并非天生的独行者。少年科比肯定也需要融入意大利，在这个足球王国，你的社交、你的生活可能都会和足球息息相关。小科比在意大利生活了 8 年，童年天真无邪，可能是人生中最美好的一段时光——在这里，*他还和足球结下了不解之缘。*

如果一直留在意大利，或许科比真的会成为一名足球运动员，而不是篮球运动员。当他很小的时候，放学后，他就经常和爱好足球的同学争场地，有时候对方只有两三人，科比还能想方设法将他们赶走；但有时候对方有十来人，科比也会加入他们的行列——*只不过，科比是守门员。*

事实上，重返美国前，科比在意大利一直都在接受足球训练。"我当时踢得并不算出色。"科比回忆说，"偶尔我也能有一些疯狂表演，但事情没有朝着想象的方向发展。最开始的时候我的位置是守门员，因为教练觉得我胳膊长、手长，但我在扑救的时候感觉并不好。随着我的刻苦训练和足球技术的进步，他们将我移到了中场位置。"

很难想象，如果现在看意甲或者是欧洲联赛，看到科比·布莱恩特在场上踢球，会是一种什么样的感觉？不过，以科比的性格，即便选择了足球，他也不会是一个弱者。作为世界上最受人关注的两大集体运动，足球和篮球其实在很多地方都是相通的。你见过里奥·梅西的"千里走单骑"，你肯定也见过哈基姆·奥拉朱旺的梦幻步伐。你见过罗伯特·卡洛斯 40 米开外大力抽射，直捣黄龙；你肯定也记得三分线外雷·阿伦百步穿杨，弹无虚发。科比相信，小时候的这段经历对于他的篮球技艺有着很大帮助。

"我之所以在篮球场上的脚步移动那样出色，是因为我曾经踢过足球。无论是在比赛中变换脚步移动的速度和节奏，还是用左脚或者右脚作为移动的轴心脚，我都感到非常自如。"

在足球比赛中，穿裆过人是一件很平常的事情，篮球比赛时，做出这个动作就显得十分骚气。当然，这里的穿裆过人并不是我们所谓的crossover（篮球术语，指运用交叉步快速过人），更确切地来说，是球穿过对手的裆部。2015-2016赛季，在洛杉矶湖人队对阵俄克拉荷马城雷霆队的一场比赛中，科比面对凯文·杜兰特的防守就完成了一记穿裆传球，助攻队友罗伊·希伯特完成跳投。谈及这一球时，科比曾说："这就是足球。是的，这来自我在意大利的日子。"

有了足球训练所带来的良好的脚步移动，"黑曼巴"在比赛中无论是运球突破急停跳投，还是突破过人上篮得分，总是显得那么流畅、那么飘逸。在科比20个赛季的NBA生涯里，我们一次次地惊讶第4节关键时刻，科比用他出色的脚步移动晃开投篮角度得分，绝杀对手，其中有一部分的功劳要归功于他小时候的这段足球经历。

当然，足球给科比带来的不只有个人能力的提升，更有团队精神，毕竟篮球是5个人的；而足球，需要的是11个人的团队配合。有人说科比太独，不给队友传球，但事实上，你看湖人队夺冠的那5个赛季，科比很好地融入了三角进攻之中，只要队友有更好的机会，他不会吝惜自己的传球。

菲尔·杰克逊就曾经表示，科比·布莱恩特才是对三角进攻理解最透彻的球员——注意，可不是迈克尔·乔丹啊。

"大部分时间里，美国篮球只有两种方式：一人单打或是两个人的挡拆、传球或者突破。如果你是踢足球长大的，你会看到很多的3个人甚至是4个人的配合。你会在三角形中打球，你可以看到事情以多种结合的方式出现。"科比说道，"小时候踢足球长大，这让我的眼睛和大脑能看到这些3人或4人的配合，而不只是1人或者2人。"

若说到**职业生涯中和科比最有默契的球员**，恐怕很多人的脑海中最先出现的名字会是**保罗·加索尔**。科比有着意大利的童年经历，而加索尔则来自另一个痴迷足球的国度——西班牙。在伊比利亚半岛也有皇家马德里队、巴塞罗那队这样的豪门，尽管最近几年西班牙的篮球打得也算是风生水起，但足球在西班牙的位置无可撼动：第一运动。

科比曾经表示，正是因为他和加索尔都有着足球经历，所以二人在关键时刻的配合总是那么默契。"这就是马刺队选那些小时候踢过足球的欧洲球员的原因。"科比分析得头头是道。

"想要打好篮球，先去踢足球"，这似乎成了 NBA 球员走向成功的一道秘诀。足球运动员普遍下肢力量比较强，踢足球有利于改善呼吸系统。有种说法是人老腿先老，当你的腿部足够健壮的时候，你才可能会有一个更长的运动生涯。

职业生涯中，科比在洛杉矶征战 20 个赛季。已经 36 岁的保罗·加索尔仍然可以打出全明星级球员的数据，史蒂夫·纳什 40 岁的时候还在征战 NBA 赛场，这些例子完全可以佐证足球对于篮球的促进作用。

事实上，除了科比之外，会踢足球的 NBA 大神级的球星不算少数。科比、纳什就不用说了，德克·诺维茨基来自德国，每年夏天还会经常去他父亲的球队踢球。金州勇士队的得分后卫莱昂纳德·巴博萨来自足球王国巴西，而两夺总冠军与总决赛 MVP 的传奇巨星哈基姆·奥拉朱旺以前就是一名足球运动员。如果再加上踢美式足球的勒布朗·詹姆斯等人，这条定律似乎就可以被证明了。

足球的故事（二）

成长经历是那种会影响一个人一辈子的东西，所以，如今说起自己最钟爱的运动，科比的答案是：足球。

现在大家可能都知道，科比和里奥·梅西以及巴塞罗那队其他球员的关系不错，但科比小时候最钟爱的球队却是亚平宁半岛的"红黑军团"——AC 米兰队。

"当我还是个孩子的时候，我就在看 AC 米兰队的比赛，他们有像路德·古利特、弗兰克·里杰卡尔德、马尔科·范巴斯滕以及保罗·马尔蒂尼这样的球员，AC 米兰队一直都是我最爱的球队，一直在我心中。在洛杉矶我更衣室的衣柜中，还有一件 AC 米兰队的球衣以及一条围巾，这样我就可以每天看见他们。"

在意大利度过的童年时光确实给科比带来了很大影响，所以，现在到了休赛期，科比经常带着一家人现身米兰街头。而在 2013 年夏天，科比还造访了这家俱乐部，并收到了一件印有 24 号的红黑球衣。

当然，就和很多足球迷一样，德甲里你可能喜欢拜仁慕尼黑队，英超里你可能喜欢阿森纳队，法甲里你可能喜欢巴黎圣日耳曼队，而到了西甲你又可能喜欢巴塞罗那队。科比也是这样，除了 AC 米兰队，他还钟爱英超的利物浦队。2010 年，湖人队曾和森林狼队在英国打过一场季前赛，当时他还现场观战了一场伦敦德比，切尔西队迎战阿森纳队。可惜的是现场没有"红军"。

"我的童年是在意大利度过的，小时候我经常会看意甲比赛。当时我想看英超比赛，但是我妈妈从来不让我去，我想看利物浦队的比赛，她总是说'NO'，如今 20 年过去了，我的梦想终于实现了，这种感觉让人不可思议。"科比说。

直到现在，科比对利物浦队也十分关注，2015 年利物浦队的标志性球星史蒂文·杰拉德加盟洛杉矶银河队，而作为"天使城"体坛老大，科比对此也是欢欣鼓舞。

当然，若说如今和科比交集最多、最受科比关注的球队，那就是巴塞罗那队了。早在 2006 年夏天，当巴塞罗那队赴美备战的时候，科比就曾前往探营，并且和罗纳尔迪尼奥等球员合影。到了 2009 年，科比干脆穿上了巴塞罗那队的 24 号球衣，登上 *ESPN* 杂志封面，算是这支球队的半个代言人了。

2011 年，科比还和当时担任巴塞罗那队主帅的何赛普·瓜迪奥拉一起参加了一场 7 人制的足球义赛，那场比赛，球迷们有幸看到了"黑曼巴"在足球场上的风采，而且，他还有一粒"黑铁般闪光"的进球——乌龙球，赛后，科比称那是因为队员之间缺乏交流。一方面，可以看出科比还是更适合打篮球；另一方面，可以看出不管打什么球科比都认为自己不会有什么错的——如果有，那就错在队友。

强者和强者之间总是会有惺惺相惜的感觉，科比和巴塞罗那队就是这样。科比曾表示，希望能在巴塞罗那篮球队退役；他还表示，如果能和保罗·加索尔在一起就更好了。

如果说过去的十年中科比是篮坛最有影响力的球员，那么，足坛最有影响力的可能就是里奥·梅西了，当然 C 罗也不遑多让。科比与梅西的相识也颇具传奇色彩，一年夏天，巴塞罗那队来到洛杉矶备战，科比前往探班。"罗纳尔迪尼奥是我的好朋友，他说要向我介绍一名球员，这名球员将会成为队史最佳，我说：'不是你吧'但他说：'不不不，最棒的人来了……'此时，里奥走了过来，当时他只有 17 岁。"

果不其然，里奥·梅西统治了一个时代，罗纳尔迪尼奥的预言成真。如此说来，科比和梅西相识的过程也算是离奇的。这种感觉，就像是 NBA 的"LOGO"杰里·韦斯特向米奇·库普切克介绍科比。

梅西外号"小跳蚤"，听到这个名字，你就知道梅西长得肯定不高——身高不足 1.70 米，应该是和篮球无缘了，不过，在得知科比退役的消息后，他在自己的社交网站上写道：

"听到有体育人退役的消息，我总是很难过，但科比永远都会是世界最佳的球员之一，注定会被载入史册，是他让我对篮球充满兴趣，祝愿你未来一切都好，科比。"——梅西对篮球充满兴趣？你会想到什么样的场景呢？

对于梅西，科比也从不吝啬赞美之词："我们是一样的，我们对于自己所从事项目的热爱是一样的，对他而言是足球，对我来说是篮球。我们的天赋也是一样的，在他 17 岁的时候我就认识他了。"

MAMBA
FOREVER

父亲与偶像

　　足球给小科比的童年带来无限回忆，但对其影响力最大的项目还是篮球，因为那里有他的第一个偶像——他的父亲。据说科比从3岁起就开始在电视机前看NBA的比赛直播，手上还拿着篮球，他会模仿父亲的动作和表情。乔·布莱恩特也相信，小科比身上有种不一样的东西。

　　30岁的乔·布莱恩特在NBA不受待见，也厌烦了NBA的长途旅行，想更多地陪伴自己的家人。在他人的建议下，乔·布莱恩特选择了欧洲，选择了意大利，在这里，他相信自己会有一个别样的发展。

　　他有自信的资本：尽管从1960年的罗马奥运会开始，意大利男篮在奥运会上就从来没有跌出过前八的位置，但看看巴塞罗那奥运会"梦之队"的表现你就会明白，在当时，世界其他各地的篮球和美国究竟是怎样的一个差距。

　　拉塞尔大学的校队主帅、率领湖人队拿下总冠军的保罗·韦斯特海德曾经执教过乔，他如此评价这对父子："如果让25岁的乔和25岁的科比在篮下进行一对一的对抗，'黑曼巴'不一定能赢。"30岁，本该是一个球员走向巅峰的时刻，更何况，乔脚下的球场地板是在意大利，而不在美国。

　　果不其然，意大利人第1次见到乔就被震惊了。那年夏天，意大利小镇里耶蒂——拉齐奥里耶蒂省首府，一个只有16万人口的城市——全称应该是"里耶蒂塞巴斯提亚尼"的球队正在拉练，他们订了机票让乔和球队会合，想看看这位美国人究竟价值几何。

　　乔下了飞机就前往训练基地，换上比赛服直接上场。意大利是典型的地中海气候，一到夏天就酷热干燥，再加上长途旅行，需要倒时差，乔本可以用各种理由推辞，但这次他并没有这样做。*疲劳也并没有影响到乔的发挥，各种角度投篮、各种华丽表演，乔·布莱恩特获得了满堂彩，塞巴斯提亚尼队的球探伊塔阁·迪法齐当即*

惊叹："我的天啊……"

一传十，十传百，更多的意大利球探盯上了乔·布莱恩特。塞巴斯提亚尼队肯定不希望自己看上的人落入他人之手，于是，他们将乔"软禁"在了酒店中。所有想见乔·布莱恩特的人，无论什么原因，一律推出去，电话、信件更是想都别想。20世纪80年代可是没有WIFI、4G，更没有智能手机，但就是这样简单粗暴的方法，让里塞巴斯提亚尼队只花4万美金就得到了乔。这也算是科技落后的"优势"吧。

乔不假思索就签了这份合约，因为他真的好久好久没打球了。乔的唯一要求，就是要辆好车，这在意大利并非什么困难的事情。塞巴斯提亚尼队的老板是一家车行的老板，很爽快地送出一辆崭新的自动挡宝马，不过由于语言不通，在加油站乔错将柴油当成了汽油，于是，没过几天，这辆崭新的宝马就报废了，没办法，老板又给了他一辆。

确定到意大利打球后，乔将妻儿全都接过来了。都知道意大利出产俊男美女，可当这些意大利人看到帕梅拉，不，布莱恩特夫人之后，还是被她的美貌震惊了。帕梅拉曾做过模特，身材高挑，脸上总是挂着笑容，任何场合她都精心打扮，生育了3个孩子，依然挡不住她那曼妙的身材。塞巴斯提亚尼队的每场比赛开场前几分钟，帕梅拉手牵着两个女儿入场，小科比紧随其后。帕梅拉的"入场仪式"比塞巴斯提亚尼队的球员们更吸引眼球。

就和预想与期待中的一模一样，乔·布莱恩特征服了意大利人。在20世纪80年代，NBA的电视转播还不像今天这样便捷，父亲的比赛成了小科比提升篮球技艺的最好途径，虽然此时的塞巴斯提亚尼队只是一支意乙球队。

都说父亲是人生的第一个偶像，那时候，小科比的第一个偶像就是他的父亲。

儿时的朋友

就这样，时间一天天地过去，科比的意大利语也逐渐流利起来，看起来他和寻常家的孩子没什么两样。不过，他的母亲就有些不一样了，帕梅拉想要一台微波炉，还有烘衣服的烘干机，可在当时的意大利，没有几家用这玩意儿。最后，帕梅拉也不得不像其他的意大利家庭主妇一样，用阳光晾晒衣服。做饭？帕梅拉还是别指望了。

乔·布莱恩特一家人在意大利小镇里耶蒂过得很惬意，这里有热情的球迷，而乔也找到了一个好搭档——丹·盖。**"我留在里耶蒂，就是因为这里有除我之外最好的外援丹。"**这个丹·盖，日后加入意大利籍并帮助意大利队夺得1997年的欧锦赛亚军，可是，一年后，盖转会到了其他球队，新来的大中锋鲁迪·伍兹身高2.10米，在这里，伍兹并不是那么受欢迎。不过乔的表现一如既往，场均30多分，轻轻松松。

在意大利期间，科比一家人还结识了另一个非洲裔美国人家庭——哈维·卡钦斯一家。

卡钦斯曾经在费城76人队、新泽西篮网队（注：现已更名为布鲁克林篮网队）、密尔沃基雄鹿队、洛杉矶湖人队效力过，因在NBA混不下去也来到了意大利。巧合的是，卡钦斯也有一儿两女，他们也希望能够融入意大利。

卡钦斯的一个女儿叫塔米卡，这个女孩比科比小1岁，但先天缺陷让她从小就要戴助听器。听力上的障碍并没有阻挡塔米卡，而且童年的美好让她和科比姐弟结下了深厚友谊。两个家庭经常同时结伴出游，罗马、威尼斯都曾出现过他们的身影。

从某种角度来说，塔米卡·卡钦斯就是女性版的科比·布莱恩特。2011年她拿到了WNBA总冠军，3次帮助美国女篮拿下奥运会金牌，分别在2005年、2006年、2009年、2010年4次

当选年度最佳防守球员。2012 年，她也曾来到中国的 WCBA 联赛征战。

小时候的挚友，长大后双双统治篮坛，著名导演斯派克·李为此还特意拍摄了一部名为《意大利出品》的纪录短片，由 *ESPN* 出品，两位同穿 24 号球衣的巨星相谈甚欢，交流打球体会，回忆童年。

"也许那些年吃的意大利面里面有些特别的东西，"科比开玩笑说，"或者是比萨里的，你还记得那些好吃到不行的比萨吗？"纪录片的镜头前，两个儿时的朋友互相开着玩笑，没有在亚平宁的那几年，或许也就没有他们的今天。

MAMBA
FOREVER

又一次离开

意乙的比赛对于乔·布莱恩特来说，就如同高中生欺负小学生一般，52分、54分、60分、61分，在这里，他找到了篮球的乐趣。乔喜欢逗逗队友，有时候如果自己心情不错，他还会在赛前宣布自己会拿到多少分。当然，身旁有这样一位出色的队友，你不知道这是福是祸。这种感觉，大概和当年特雷西·麦克格雷迪在青岛效力时差不多。

乔·布莱恩特在意大利找到了久违的快乐——每个人都喜欢这种被需要的感觉。但毕竟篮球不是比萨，乔还得养活他那一大家子。之后，乔效力的这家俱乐部——全名为里蒂耶塞巴斯提亚尼队的意乙俱乐部出现了财政问题，赤字高达11亿里拉，薪水总是拖着、欠着，有时候乔·布莱恩特也会要挟领队："听着，如果你们不付钱给我，我今天就不会上场。"球队知道乔放荡不羁的个性，也知道这一切都是美丽性感的布莱恩特夫人的主意，但没办法，毕竟欠债还钱天经地义，赛前，球队领队怀揣美元，火速赶往乔的家里。

在篮球方面，美国人有着先天的优越性，在美国本土还受约束、规规矩矩，一旦出了美利坚合众国，他们就觉得自己可以在篮球场上为所欲为、自由自在。乔·布莱恩特的表现确实很赞，但单靠本性不改的他还不足以带领里蒂耶塞巴斯提亚尼队晋级意甲。迫于财政压力，俱乐部只能甩卖球星，这种感觉就像是当时的足坛的意甲球队帕尔玛队。不知道为什么，甩卖球星这种事，在意大利总感觉经常发生。**2亿里拉薪水，乔·布莱恩特转投意大利南部卡拉布里亚大区首府城市雷焦卡拉布里亚的一支球队，名叫维奥拉队，小科比也跟着自己的父亲挥师南下。**

乔·布莱恩特不喜欢漂泊，那会让他远离家人和他所熟悉的一切，让他感觉没有安全感，当初离开NBA就有这方面的原因。与此同时，他已经喜欢上了里蒂耶的球迷，因为在这里他重新得到了认同，重新找回了自己。但乔不是一个人，他需要养家糊口，所以听说新东家给他的薪水会相当优厚的时候，也就选择了欣然接受。

有时候，你真的很佩服像卡隆·巴特勒、贾瑞特·杰克、马特·巴恩斯这样的球员，隔上两三天就会碰上老东家，这种感觉也就只有他们能够体会。乔改换门庭的时候，科比和母亲帕梅拉已经回到了美国度假。或许刚从美国来到意大利时科比还有些少不更事，但再次来到亚平宁半岛，他发现很多事情都变了，他的同学、他的朋友、他的邻居，就连和他最亲近的保姆，科比都没来得及说再见。

MAMBA
FOREVER

天生的"球霸"

新东家对乔·布莱恩特礼遇有加，他们给乔安排的是一栋三层别墅，唯一问题是黑手党。乔·布莱恩特在卡拉布里亚住的这段时间，正是当地两大黑手党打得最火热的几年，半夜听见枪声就权当是放鞭炮了。刚刚乔迁新居，布莱恩特夫妇也不愿意继续搬来搬去，好消息是，他们并未因此受到什么损伤。

不过想想乔·布莱恩特也不应该有什么好怕的，就我在美国的所见所闻，在得克萨斯州普通人都可以扛着枪支在街上大摇大摆地走，一个个如同江湖侠客一般；大家都知道的事件是卡尔·兰德里在为休斯敦火箭队效力期间，出去买夜宵都会遭到莫名伏击，如果不是体质好、跑得快，这哥们儿恐怕早就命丧黄泉了。如果你在非洲裔美国人街区长大，贩毒、黑帮、斗殴，很多未来之星都毁在这里，如果您有兴趣，我推荐一部名叫《弱点》的经典励志电影，看了之后你会明白为什么很多NBA球员会羡慕斯蒂芬·库里的童年。

小科比没有因为足球而放弃篮球，乔也将"黑曼巴"交到了卡拉布里亚青少年队——或许在日常观察中，乔已经逐渐看到了小科比身上的篮球天赋。和小科比一起进入青少年队的还有一个小孩，名叫莱恩·休斯，他是乔的队友、同是美国人的金·休斯的儿子。注意，不是拉里·休斯，是金·休斯，两人之间没有关系。球员生涯，休斯也是颠沛流离，成为教练后也不太成功，而这位金·休斯，最终令人们都记住了他名字的大事件是2014-2015赛季他向媒体透露拉马库斯·阿尔德里奇将在休赛期离开波特兰。当然，这些都已经是后话了。

两个小孩平时相处得很融洽，但科比总是在和莱恩争球——他的手里总是得有球，就和他父亲乔一样——开个玩笑说，科比似乎与生俱来就有这样一种"球霸"的气质。青少年队的教练叫洛科·罗密欧，在他的指导下，小科比的篮球技术日益精进。

"科比是个聪明、好奇的孩子，每天他都会提前问我当天的训练内容，当然，他从来不会忘记强调自己有多么喜欢投篮。"罗密欧说。

从小就接触篮球，又经常去父亲的比赛现场，自幼耳濡目染。罗密欧发现了小科比和其他孩子不一样的地方。"科比的脸上总是挂着微笑，很容易就可以融入球队。唯一的问题在于，他只根据自己的想法打球，他希望球永远都停留在他的手中。这孩子与其他孩子有很多不一样的地方，这并非技术层面，而是一种气质，跟跑中却不失优雅，他是一只羚羊？我觉得他更像是一头黑豹。"罗密欧说。

和他的父亲一样，小科比拥有出众的篮球天赋；也和他的父亲一样，小科比很快就有了名气，联赛、杯赛、友谊赛、教学赛，很多意大利的俱乐部教练都会给洛科·罗密欧打电话，想要他安排科比打比赛。而其他孩子也希望能借此机会见到科比的父亲。

乔·布莱恩特也望子成龙，所以他也经常会到训练馆看看自己的儿子是否有长进，但乔从来不会干预青少年队教练罗密欧的工作。"从第1次带科比来训练馆开始，他就从来都没有给过我压力。他信任我，我们之间也建立起了友谊，他只希望科比能在这里玩得开心。"根据罗密欧的回忆，乔·布莱恩特在对待自己儿子的训练上还是有独到之处的。

垃圾话潜能

　　进攻赢票房，防守赢总冠军，乔·布莱恩特可不相信这些。乔一直认为，防守在篮球这项游戏中完全是浪费，作为子承父业的一部分，科比最开始也是如此。突破和投篮十分犀利，防守这事，老子不干，儿子更是不喜欢。

　　"乔从来不防守，一丁点儿防守工作都不会参与。一天我把他叫到一边，然后说：'乔，坐下来听我说，你拿到了那么多的薪水，所以你既要进攻还得防守，如果你只考虑得分而不管其他，我会让他们只支付你一半的薪水。'"当时在雷焦卡拉布里亚带队的普利西教练说道。普利西教练还曾作为助理教练帮助法国的南特队拿下过欧洲联赛的冠军，从他的评价中可以知道乔·布莱恩特是怎么打球的。

　　听到主教练的这番话，乔·布莱恩特愣住了，他肯定没有想到主教练敢这么对待球队中的超级巨星，不一会儿，乔·布莱恩特缓过神来，像疯子一样狂笑着："别，教练，别那样做！从今天开始我就防守，我发誓！"一个承诺看起来如此随随便便，对于乔·布莱恩特，你还能指望他为你做些什么呢？

　　事实上，普利西教练内心里是喜欢乔·布莱恩特的，对于这样一个爱玩、整天乐呵呵的人，没有人会不喜欢他。而且和在里耶蒂的情况类似，加盟雷焦卡拉布里亚维奥拉队之后，乔依旧是球队的超级得分手。1986年11月9日，联赛刚开始不久，乔的球队苦战加时取得胜利，依然难以阻挡的乔·布莱恩特全场砍下了69分。

　　乔享受这样的夜晚，以至于赛后冲完澡之后还不想走：他打算回到场地，在那里待上几分钟，接受球迷们的膜拜。

　　可毕竟乔·布莱恩特不是迈克尔·乔丹，这里是意大利而不是美国，人们狂热的是足球而不是篮球，结果，他的所作所为差点酿成大祸。

乔·布莱恩特走出更衣室通道，才碰到木地板就遭到了对方球迷的一片谩骂。想想都知道，问候家人、人身侮辱这样的词语是不会少的。这时候乔还傻傻地跑过去问教练："这是怎么啦？我拿了69分呢，他们怎么会这样对我？"

乔就是这样一个性情温柔的乐天派，相对而言，科比的母亲帕梅拉就要强势许多。和在里耶蒂的时候差不多，帕梅拉依旧会领着自己的3个孩子出现在球场的前排，每当她出现的时候，总会成为全场的焦点，甚至于有些人买票看球就是为了看她。

一只靴子似的亚平宁半岛以及西西里岛将意大利南部的地中海切割成两大部分：东部是爱奥尼亚海，西部是第勒尼安海，墨西拿海峡又从中将亚平宁半岛与西西里岛分开，雷焦卡拉布里亚在亚平宁半岛，墨西拿海峡的东北岸，斜对面便是墨西市。乔·布莱恩特一家投奔的这座城市风景如画，每天早晨，帕梅拉会在雷焦卡拉布里亚的海滨大道上跑步，高挑的身材、优雅的气质、海风吹拂着的头发，帕梅拉成为很多雷焦卡拉布里亚人心中的女神。

有些人在海边看到帕梅拉，极尽恭维。当然，也有些人用词不雅，惹恼帕梅拉，而这时候，帕梅拉也会放下风度用垃圾话来回应对方。

都说学好不易，但学坏是分分钟的事情，这些垃圾话，小科比也学会了。在雷焦卡拉布里亚，小科比经常黏着自己的父亲，有时候在训练间隙，普利西教练刚将全队召集在一起讲解战术，小科比就会偷走一个球，在一旁运起球来。"科比，快回去坐好。"普利西总会这样笑着说道。但是，或许就是从这时候开始，科比练成了混迹NBA赛场的一大必备绝学：垃圾话。

不过，和凯文·加内特这种主动出击的球员不同，科比的强项是话痨、喋喋不休。这特质就和《大话西游》中的唐僧差不多，就算是脾气再好的人，碰到一个在耳边说个不停的人都会心烦意乱。

科比的前队友乔丹·希尔就说过，科比的垃圾话不是什么人都能忍的。斯蒂芬·库里回忆在自己的菜鸟赛季的时候曾说过，一次对阵洛杉矶湖人队的比赛，当科比走向罚球线的时候，他曾对科比说："嘿，哥们儿，你对接下来的罚球紧张吗？"而科比回应称："你说什么呢？从我眼前消失，你个愚蠢的菜鸟！"

嘲讽勒布朗·詹姆斯、对喷迈克尔·乔丹，在美国媒体评选出的NBA最能说垃圾话的球员，科比也在其列。科比会这样去做，**肯定有一种唯我独尊的自信**，另一方面，我想这和他的母亲可能也有一定的关系。

天才在"3、2、1……"

曾有一部畅销书名叫《天才在左，疯子在右》，天才和疯子只在一线之间。你听说过有人和影子对话，也可能听说过有人坐禅成佛；你听说过有人闭关修炼，悟出一个又一个的武林绝学；你肯定也听说过有人扎进深山，从此杳无音讯的。

一线之间，关键就是看你能否找回自我。有人说科比凌晨4点去训练，已是够奇葩的了，事实上，科比年少的时候，还做过更匪夷所思的事情。

科比希望能成为他父亲那样的超级英雄，于是，他开始模仿自己的父亲，模仿他的一招一式。乔·布莱恩特当时的队友多纳托·奥维尼亚对小科比印象深刻："科比一刻也停不下来，我不是开玩笑，每次训练，他都穿着他父亲的一件篮球背心，直到他的膝盖。有时你稍不留神，就会发现他正攀上篮球架向着篮筐爬去，但是他最喜欢做的，还是在我们训练的间隙对着一个想象中的对手玩一对一。"

你很难说清楚科比是在和影子决斗，还是在和一个鬼魂对决：**转身、跳投、三步上篮，一有机会，他就会和他的"朋友"上演这样的好戏，但没人认识他的这位"朋友"，或者说，那里根本就只有科比的一个身影**。虽然听起来有点奇葩，但不得不说，对于年少的科比来说，这的确是个练基本功的绝佳办法。

有时候，**科比也会给自己调整一下难度**，比如说投一投压哨球什么的。"3、2、1……"科比的口中大喊着剩余秒数，然后，果断出手——

职业生涯的这 20 个赛季，科比这样的画面我们已经习以为常，仅我在驻洛杉矶采访的时期就有不少。只是那时候，无人读秒。

德克·诺维茨基的金鸡独立、德怀恩·韦德的迷踪步、斯蒂芬·库里的超远三分球、克里斯·保罗的小抛投，在 NBA 这个世界顶级联盟中，很多超级巨星都有着自己的绝技，科比·布莱恩特也一样。**而这些绝技需要的是自己一次次的独自揣摩，需要自己在那些枯燥的训练中无数次的练习，直到你的大脑、肌肉将这个动作背得滚瓜烂熟。**

记得以前一个考研专家曾说过："人若不发疯，这辈子难成功。"**发疯的劲头，科比的确是做到了，但若是说像科比这样懂得如何去苦中作乐的，并不算多。**

MAMBA
FOREVER

融入意大利

科比和他的家人都很喜欢雷焦卡拉布里亚这样的海滨城市，但没过多久，他们就不得不面临必须再次搬离的抉择。因为乔·布莱恩特的球队——雷焦卡拉布里亚维奥拉队没能如愿进入意甲。有时候你不得不感慨造化弄人，因为这次是拜乔·布莱恩特的老东家里耶蒂队所赐。

乔本有机会带领他的球队进入意甲的，如果最后一场雷焦卡拉布里亚维奥拉队能够战胜里耶蒂队的话；与此同时，里耶蒂队当时的情况也不太好，他们需要赢球，这样才不至于降级到意丙。

老实说，在这样的处境中，以乔的性格确实有些不知所措：里耶蒂队是他来到意大利后加盟的第1支球队，他喜欢那座城市，那里有他很多的朋友，如果不是球队遭遇了债务危机，他甚至愿意在那里一直打到退役。里耶蒂队的球迷也仍然记得乔·布莱恩特，当他进入球场的那一刻，现场4000多名球迷在为他欢呼。

然而，那场比赛，乔只得到了可怜的9分，雷焦卡拉布里亚维奥拉队也输给了里耶蒂队。对于他来说，那是个艰难的下午。里耶蒂队的队员们一个个地和乔·布莱恩特拥抱，但乔的内心却是崩溃的。如此惨败也造成了雷焦卡拉布里亚维奥拉队的内部动荡，赛季结束后，乔不得不前往新的地方谋生。

听着很疯狂，但乔希望能够重新回到里耶蒂队，如此做法不得不让人揣测：之前的赛季，他在雷焦卡拉布里亚维奥拉队扮演的角色是不是"卧底"？

"没有办法，我们这里又不是马戏团。"更悲催的事情接踵而至，此时里耶蒂塞巴斯提亚尼队已经换了新经理，这哥们儿坚决不同意乔·布莱恩特回归。对于一名职业球员来说，正值当打之年却没有工作的时候，任何人都会感到焦躁。好在意大利中北部城市皮斯托亚接纳了他。这座城市位于托斯卡纳大区、亚平宁山脉南麓，关于这座城市最为出名的传说是，一种手枪就是从这儿诞生并被命名为皮斯托亚手枪。这座城市还拥有一支球队——皮斯托亚奥林匹亚队，打意乙，自然不是很出名的了。这座城市距离佛罗伦萨市也只有 40 分钟的车程。

在皮斯托亚，打意乙的乔·布莱恩特依然是那么难以阻挡，代表皮斯托亚奥林匹亚队出战的首场比赛，他就砍下 43 分，帮助球队拿下了胜利。而科比依然是那么热爱篮球，每当比赛出现暂停的时候，小科比就会进入场内表演运球和投篮。有时候，人们也会看到工作人员满场飞奔追小科比的画面，但没有人责怪一个只有 9 岁的孩子，谁让他的父亲乔·布莱恩特如此出色呢！

就这样，乔·布莱恩特在皮斯托亚队的第 1 个赛季顺利结束，球队顺利保级，队友们也很信赖他，愿意在防守端去给他擦屁股。

意大利的国土面积只有 30.13 万平方千米，布莱恩特一家人已经适应了这个半岛的生活，无须为频繁旅行而担心。

而在美国，有全世界最多的超级土豪，也有在贫民窟里挣扎的非洲裔美国人，而科比从小接受的是另外一种生活。如果没有来意大利，很多东西科比·布莱恩特可能一辈子都不会经历：在这里，他操着一口流利的意大利语，和意大利的小孩一起踢足球，一起玩儿，他已经完全融入了意大利文化中。

如果说科比在意大利是一种融和的话，乔就如同是一种度假般的享受了。异国他乡，他结识了很多朋友，这里还有他喜欢的高品质葡萄酒。

当然，皮斯托亚的小科比仍然是一个篮球狂热分子。*"那时候，我睡觉都是穿着训练服的，如果不这样，我都不会上床，因为我害怕第二天一早自己会把时间浪费在换衣服上，那样训练就会迟到。"*

豪华陪练团

美国篮球更加注重个性的释放，而意大利的青少年培训体系不同，他们对于战术细节的培养更为看重。有人说美国篮球是个人英雄主义的集中体现，而欧洲篮球则更讲究实用、基本功、团队主义，从这个角度来说，**科比·布莱恩特算是美欧篮球的一个结合体**。尽管很多时候人们都说他的球风依然有点独。

基本上，运动世家有这么一个好处：你的身旁最不缺少的就是专业陪练。科比也是如此，这一点真的很让人钦羡。乔·布莱恩特在皮斯托亚队的一个队友克利帕曾表示："乔不带孩子进训练场的情况少之又少，而训练开始前或者是训练间隙，小科比总是会在场地内模仿他父亲的动作。对待儿子，乔总是充满耐心，他总是会花很多的时间去培养自己的儿子，给他讲解篮球场上那些必备的技巧，假动作、胯下运球等。"

或许是真的从小科比身上看到了未来之星的影子，或许只是单纯地享受这种与儿子共处的时光，无论如何，乔在科比身上花费的那些时光却是实实在在的。每次训练结束之后，乔不着急回家，而是留在场地内陪儿子，一对一。

有时候，乔·布莱恩特的队友们也会突然兴起，组建一支豪华的陪练队伍，来和小科比练习。一个10多岁的孩子每天面对的都是职业篮球运动员，小科比想不进步都很困难。

"那个孩子总是可怜巴巴地看着我们训练，等着我们训练结束，而这一等往往就是一两个小时。"克利帕回忆道，"训练结束后，为了奖励他，有时候我和其他的一两位队友，加上布莱恩特父子俩，我们会组成二对二的对抗，人多的时候，我们也会打三对三。科比虽然年纪小，但脚下速度快。*他似乎从来不会累，拥有着和他年龄不太相符的那种篮球热情，每次和他打球，我们自己也觉得趣味无穷。*

说到底我们只是一个地区的小球队，没有大球队的那种压力，我们很乐意去陪他。"

　　和普通人家的孩子相比，科比小时候的陪练可谓"大神级"。与高手们的一次次过招，让小科比在同龄人中显得那么出类拔萃。克利帕回忆称："那时候，托斯卡纳大区称得上是一个篮球圣地，有多家很不错的俱乐部。每个赛季结束的时候，一个名叫蒙特卡蒂尼的温泉圣地就会举办友谊杯赛。有一年的友谊赛期间，他们还举办了一次混合赛，场内有老有少，有外国人、未成年的小孩，甚至还有女孩子参加，小科比也上场了。比赛中，小科比**三分球 3 投 3 中**，这让现场的很多人都惊讶不已，虽然比赛中小科比的投篮没有受到太多干扰，但那时候他已经显示出十分了得的篮球技术。"

　　小科比就是为了大场面而生的球员，人越多、越起哄，他反而更加卖力，20 个赛季的 NBA 职业生涯，科比也证明了这一点。友谊赛结束后，小科比缠着乔的另一名队友马里奥·波利，比赛继续，"斗牛"，这期间他**又投进了两记三分球**。而现场那些不愿离去的球迷看到这一幕，也都起身为小科比加油。

　　小科比出色的天赋，征服了现场的所有观众，但若是说起那次比赛中最得意的人，并不是科比·布莱恩特，也不是乔·布莱恩特，而是当时科比所在队伍的临时主帅布鲁诺。"我执教过加油站加油员、餐厅老板、服务生，还执教过科比·布莱恩特。"日后，他如是说道。

迈克·德安东尼

最初，科比·布莱恩特进入"紫金军团"便选择了 8 号球衣，我可以非常负责任地说，8 号球衣和中国无关；当然开玩笑地说，如果"黑曼巴"早知道中国话的"八"和"发"是谐音的，不知道他是否还会考虑换成 24 号球衣。

成长过程中，很多人都有偶像，正是榜样的力量促使一个人不断进步、不断成长，小科比也是一样的。只不过谁也没有想到，幼年科比崇拜的是未来会和他反目成仇的迈克·德安东尼。

20 世纪 80 年代，美国球员前往欧洲淘金渐成风气，而当时引领这种风气的代表人物之一，就是迈克·德安东尼。德安东尼毕业于马歇尔大学，在 1973 年的选秀大会，他以第 20 顺位被堪萨斯城 – 奥马哈国王队选中，新秀赛季就入选了最佳阵容。不过，他的 NBA 生涯并不顺利，头三个赛季换了 3 支球队，挨到 1976–1977 赛季，在为他 NBA 生涯的第 4 支球队——圣安东尼奥马刺队打了两场球之后，就惨遭裁员。

在 NBA 没有打出名堂，迫于生计，德安东尼加盟了意甲豪强米兰奥林匹亚队，开始了他辉煌的海外生涯。在此期间，迈克·德安东尼可谓大杀四方，他不仅成为俱乐部历史上得分最多的球员，甚至还当选为意甲 1990 年的最佳组织后卫，总共拿下 5 座意甲冠军、2 座意大利杯赛冠军、1 座欧洲克拉克杯冠军以及 1 座欧洲洲际杯冠军。而且，因为出众的抢断能力，他还在欧洲赛场收获了"绅士大盗"的称号。

在意大利，迈克·德安东尼可谓只手遮天，一个人就可以扛起一整支球队；在那里，他也收获了不少球迷，其中就包括了科比·布莱恩特。虽然那时候的科比也经常可以看到 NBA 的录像集锦，也曾喜欢过"魔术师""大鸟"，甚至是后来的迈克尔·乔丹，但录像说到底只是录像，和你现场实实在在看到的东西不一样。在意大利，迈克·德安东尼，就是科比·布莱恩特在现实生活中最接近于 NBA

的球员。据说，**进入 NBA 之后"黑曼巴"之所以选择 8 号，也是和德安东尼有关。**

"科比当时只有 12 岁，他会在我们比赛中场的时候跑过来投篮，我们'不得不'将他赶下去，才能进行下半场的比赛。"德安东尼回忆道，"科比在下场之后，会用意大利语和我对骂，你们这些家伙是不可能知道这些事情的。"

当然，如今我们对于迈克·德安东尼的了解更多的是来自他的执教生涯，从 2004-2005 赛季开始，他和史蒂夫·纳什在菲尼克斯太阳队携手，连续四个赛季的跑轰风潮让整个 NBA 联盟都有了耳目一新的感觉。2011-2012 赛季结束，洛杉矶湖人队解雇迈克·布朗，准备选用迈克·德安东尼作为主帅，据说也是科比的意思。而最初谈起德安东尼的时候，科比确曾说过："他有那么一点儿混蛋。"但据科比身旁的人对我透露，**科比常用"混蛋"来称赞他欣赏的人——就如科比称赞自己的童年**。而当你被科比称为"混蛋"的时候，那就基本上算是得到了"黑曼巴"的最高评价。再开个玩笑，我和科比见面的时候被他称为"自己人"——显然与他所欣赏的"混蛋"们相差太远。

当然，风格上的抵触，再加上那个拥有所谓"新 F4"的湖人队没有打出理想战绩，迈克·德安东尼和科比·布莱恩特之间的矛盾也逐渐增加，到最后，"黑曼巴"甚至干起了逼宫戏码，让"小胡子"走人。不过，如果当时科比知道之后他和自己刚进湖人队时的队友拜伦·斯科特将联手创下一个接着一个的尴尬纪录，或许他会对儿时的偶像好些。这是后话，在当时谁又能未卜先知呢？！

命运的安排

科比喜欢意大利的生活，在那里他每天无忧无虑地疯玩。"刚到意大利的时候，我不会说意大利语，那里也没有太多黑皮肤的孩子，我就如同是眼睛里的胡椒一样，和那里的环境显得格格不入，这一度让我非常苦恼。"在科比之后的回忆中，他也这样说过。

不过，这样的生活也有好处。"好在篮球不需要说话，只要上场打球就可以了。意大利和美国的家庭不一样，那里的孩子可以每天漂在外面，只需要在吃晚饭的时候回家就可以了，我就成天泡在公园里打球。"科比说。

就这样，时光一天天过去，小科比逐渐长大，一口地道的意大利语，接受着欧洲篮球的熏陶。但他的父亲乔·布莱恩特却在一天天地变老，他已经 34 岁了，他的身体已经不再年轻，每个赛季的场均得分都在下降，尽管在意大利的最后一个赛季场均仍然可以砍下 27.4 分，零零星星也会有一些场次及片段的闪光，但他无法以一己之力帮助球队升入意甲，他在意大利的生涯也随之接近尾声。

"乔毕竟是一个风格太过自由的球员，后来他碰上了一个战术严格的教练，久而久之，两人之间就会发生一些摩擦。"球队当时的总经理格里吉奥尼说道，"球队内部也开始出现两种意见，一方倾向于留下乔，另一方则认为乔的存在十分多余，最终我们决定换人。显然，对此乔十分难过，因为他没有预料到这样的事情会发生。"

虽有不舍，但 1989 年 5 月底，不到 11 岁的小科比还是随着父母回到了费城，他怀念在意大利的朋友，怀念即将在夏天举行的青少年联赛，当然还有他钟爱的 AC 米兰队。而在 1989 年，一支同时拥有马尔科·范巴斯滕、路德·古利特、弗兰克·里杰卡尔德以及弗朗哥·巴雷西、保罗·马尔蒂尼、卡尔洛·安切洛蒂、罗波托·多纳多尼的 AC 米兰队，在传奇教练阿里戈·萨基的带领下，于 5 月 25 日在西班牙的诺坎普球场，在大约 8 万 AC 米兰队球迷的现场见证下，以 4：0 干脆利落地击败布加勒斯特星队，时隔 20 年夺取俱乐部历史上的第三座冠军杯。可亚平宁半岛，科比却以为自己再也回不去了。

小科比一等就是 5 个月，虽然他出生在美国，但那时候的科比一片懵懂，对于费城这座城市，他并没有太多印象。而意大利则不同，这个古老的国度有着他很多的回忆，这就如同一个出生在上海、5 岁搬到北京的孩子，他知道自己是上海人，但他可能说着一口地地道道的北京方言。

和科比一样，乔也有些失落，在家待业的这几个月，乔惊讶地发现根本没有球队联系自己。直到 10 月的一天，他接到一个来自意大利的电话。

联系乔的电话来自雷焦艾米利亚，这座城市位于意大利北部，位于艾米利亚 – 罗马涅大区，不仅是艾米利亚大区的首府，更是上古罗马帝国的军事重镇，还是司法中心，这里以出产帕马森干酪而出名，也出产服饰、发动机之类的，还有美食、音乐……但这些都不算是最为重要的，能回到意大利，恐怕这才是乔最为期盼的。因为他的一家人都已经爱上了这个国度。

另外，雷焦艾米利亚开出的条件也让乔·布莱恩特无法拒绝，而且主帅乔·伊萨克也是美国人，20 世纪 60 年代曾经在米兰队效力过。更让乔无法拒绝的是，联合酒窖队是一家意甲球队——一个更大的舞台让他去证明自己。

还是那句话，造化弄人，重回意大利，加盟了一支意甲球队，乔在新东家的首场比赛就面对老东家——雷焦卡拉布里亚队。"乔看见我们就过来拥抱，还将小科比叫过来，和我们打招呼，并且给我们带来一些小礼物，他真的是非常特别。"雷焦卡拉布里亚队的主教练没变，依然是多纳托·奥维尼亚，回忆这次的相见，他说道。

这次，乔·布莱恩特没有手软，当然，刚加盟了一支新球队，他也不能手软，首场比赛便拿到了 36 分、7 次篮板、2 次助攻，但他所在的球队却以 4 分之差输给了对手，雷焦艾米利亚联合酒窖队任对方痛饮。虽然输球，但雷焦艾米利亚队的球迷并没有责怪乔，反倒是华丽的打法让整座城市都为之疯狂。

两周后，乔·布莱恩特所在的球队迎来了一场硬仗，对手是强大的罗马信使队，伊萨克教练告诉他的队员们，这是联赛中最强的对手，他们最不差钱，他们有组织核心布莱恩·肖。

没错，就是那个布莱恩·肖，曾经协助"OK 时期"组合拿下 3 连冠，在"禅师"退休后因为内部斗争而没能成为科比的主教练，只在湖人队当过助理教练而将主教练的处子秀送到丹佛的布莱恩·肖——有时候想想，你也会觉得世界真是小啊。

加盟罗马信使队前，布莱恩·肖还在波士顿凯尔特人队效力，他们队的另一个外援也是来自美国，叫丹尼·费里，就是亚特兰大老鹰队的前总经理，2014-2015 赛季结束后因为种族歧视问题而黯然离职了。此前，他的辉煌经历是在克利夫兰，为勒布朗·詹姆斯组建骑士队班底；球员时代的辉煌则是追随圣安东尼奥马刺队夺冠；至于另一层的身份，1989 年的 2 号新秀则成为笑谈了，毕竟，职业生涯场均仅有 7.0 分、2.8 个篮板、1.3 次助攻，几乎可以忽略不计。对于意大利的好处则是，这对哥们儿无处落脚只好来欧洲谋生了。

乔·布莱恩特依然是不屑一顾，布莱恩·肖是谁？丹尼·费里又算什么？你们……等着瞧吧。乔没有说大话，那场比赛，他砍下 30 分，投进了 2 记三分球，而肖和费里虽然联手拿下 50 分，但仍然没有挽救罗马信使队。

"看见没有，我和你们说什么来着？"赛后，回到更衣室的乔·布莱恩特有足够的资本显摆了。

📷 第 1 次扣篮

小科比自然是跟着父亲来到了雷焦艾米利亚，不过，有时候他那皮斯托亚口音会让人感觉哭笑不得。新东家为布莱恩特一家安排了一套漂亮的公寓，几天后，科比就有了新学校。那是一所名叫文琴佐的教会学校，是由当地的修女们创建的。学校的修女老师们以严格而著称，这正是科比的父母想要的。当然，小科比才不会关心修女们如何，他只关心两件事：

第一，他将注册在哪支球队。
第二，他什么时候可以参加正式比赛。

在美国停留的 5 个月，小科比已经是饥渴难耐。前面说过小科比的篮球学习环境让人钦羡，在家中，父亲是职业运动员，而意大利的青训营也有专业的训练师对他进行指导。虽然"师父领进门，修行在个人"有一定的道理，但如果能够有个高水平的导师时刻指导，必然是事半功倍，对于篮球这个行业尤其如此。在整个意大利，雷焦艾米利亚队在青少年篮球培训方面堪称顶尖，无论是硬件设施还是教练水平。

1989 年，康塔雷拉正好在雷焦艾米利亚队的青少年部工作，当时他执教的是 1977 年出生的孩子们。球队将这帮孩子分成了两个组：高水平组和低水平组。高水平的孩子们每周要训练三次，还得打两场联赛，这里所说的联赛，是相对于这帮孩子来说高一个级别的联赛。很多孩子都畏惧这么高的训练强度以及密集赛程，于是纷纷要求加入低水平组，就这样高水平组闹起了人荒。

"当时有人向我推荐了科比。"康塔雷拉回忆说，"我当时还有些顾忌，怕他的身体条件难以应付这样的对抗强度，毕竟他比那些孩子要小一岁。不过最终我还是决定去说服科比和他的父母，让他加入我们的队伍。有个美国小孩名叫克里斯·沃德，他们家和布莱恩特一家早已熟识，他起到了很关键的作用。"

最终，科比决定加盟1977级的高水平组，不过科比也提出了一个条件，这个条件听起来让人感觉十分疯狂：

因为他不仅要参加1977级的高水平组，同时，如果1978级的低水平组有比赛他也要求随时能够参加。

作为教练，康塔雷拉没有理由不去喜欢这样一个疯子——在大家都偷懒避之不及的时候，科比却在挑战自我。

对于科比来说，参加1977级的高水平组联赛还有个好处：因为此前科比参加的比赛都是少年组的，篮筐要比正规的篮筐矮许多，加盟高水平组之后他终于可以在正式比赛中打标准筐了。

如今，人们提起乔·布莱恩特的时候总给他一个"科比父亲"的代号。不过，在当年，每当在意大利提及科比·布莱恩特的时候，他也带着一个"乔·布莱恩特之子"的称号。因为这层原因，康塔雷拉曾担心科比难以教化，骄傲自满。不过很快他就打消了这样的疑虑。"科比在更衣室里的态度没有问题，他其实还是一个有些腼腆和内敛的孩子。"

当时的教练康塔雷拉也就23岁而已，他想让小科比尽快融入球队。**"他一看就是那种已经在自己家投过无数次篮的小孩，他的基本动作很干净，尤其是在一对一的时候，他的投篮也非常不错。但同时**打两支队伍的比赛损耗了他的体力，虽然他的投篮动作仍然十分干净，但奔跑速度并不算快，甚至可以说有些慢了。"

1978级的教练叫作梅诺奇，两人一起为小科比制定了训练赛程，而小科比则十分专注，十分谦逊，这让他的球技很快出现了大幅度提升。

"对于一支球队来说，队中有一名美国队员就已经算是异域风情了。除了科比之外，我们队还有两名外国球员，一名是意大利美国混血的克里斯·沃德，另一名来自埃及。当时我们这样的一支'国际纵队'，让对手都会有一种很特别的感觉。"

"科比非常有教养，在篮球馆里我从来没有听他讲过一句脏话。"康特雷拉回忆称，"最初的几个月他十分腼腆，说话的声音很小。除了在二对二或三对三的训练中我没有吹犯规的时候，他才会走过来抱怨。事实上，在训练中，我其实很少吹哨，目的就是保障训练的延续性，也为了让他们能更好地适应比赛的对抗强度。很多人都说科比小时候就像是一个训练狂，但在我的印象中他并没有给自己特意加练过，他只是训练中非常专注和认真。但说到底，在这帮孩子里没有人表现得比他更出色。"

或许科比不爱说话是因为初来乍到，他不想暴露自己的满嘴口音。康特雷拉说他没有加练，或许是因为双线作战的原因，但不可否认的是，小科比在这里的确是提升了不少。

20 世纪 90 年代，意大利青少年篮球的比赛强度和训练强度都是同时期的美国很难相比的。

1989–1990 赛季，在艾米里亚－罗马涅大区的青少年训练赛上，小科比代表 1977 级的高水平组上场。"比赛前，我们就知道他们会派上'乔·布莱恩特的儿子'。"当时担任博洛尼亚高水平组主教练的吉尔吉奥·瓦里说道，"那场比赛科比的表现一般，速度、弹跳、个人发挥都只能说是一般，我们赢下了比赛，自此以后，就再也没有见过他。直到 2011 年他到罗马来的时候，我在当地的一家篮球馆中见到了他。我告诉科比：'嗨，你可能不记得了，我们当时可是你的对手，最后还赢了你，但自此之后，你就不断地成长。'"

科比最不缺的就是好胜心，他当然不会忘记那场失利。之后不久，康塔雷拉被临时借调到了 1978 级的低水平组，率领他们去打一场杯赛的决赛，对手仍然是博洛尼亚。康塔雷拉长期执教的是 1977 级的高水平组，于是他决定带上科比。"那支队伍仍然是在打小场地的篮球，篮筐要比标准的更矮一些，**比赛中，科比展现了极强的求胜欲，如果没有记错，他还完成了第 1 次扣篮，而我们赢下了战斗。**"

尽管这是两个不同级别的比赛，但**胜利还是让小科比欣喜不已**，他跑向了康塔雷拉，大喊："你看见了吗？**我们做到了！我们完成了复仇！**"

MAMBA FOREVER

骄傲的队友

对待胜利，科比如同一只嗜血的蝙蝠，为人父之后，即便是和 3 岁的女儿下国际象棋他也不会做出丝毫让步。

在 1978 级的低水平组中，科比有一位队友叫大卫·朱迪奇，对于科比赢球后的那些夸张的庆祝动作，他印象深刻。"那个赛季，我们在一些关键的比赛中总是会碰到一支名叫诺威拉的球队，比赛场地就在雷焦艾米利亚的广场上，那里有矮篮筐，刚开始的时候，我们两队之间互有胜负，比分差距也都在毫厘之间，但当科比来了之后，我们经常赢他们 40 多分。他的跑动非常惊人，往往抢完篮板之后就直接反击，冲到对手的篮下就是扣杀，我们都十分羡慕他，看他打球就是一种享受。"

"科比的身上拥有某种特别的东西。后来我们发现，每次训练结束回到家中之后，科比还会继续去练习投篮和基本跑动，有时候他是一个人，有时候还有他的父亲。而每次带他来到训练场的都是他的母亲。我们和他的姐姐夏利亚很熟，夏利亚经常会参加我们的派对，和我们一起去玩。但科比就不一样了。"

和教练的感觉一样，在朱迪奇看来，刚加入球队的时候科比表现得确实有些腼腆。"我觉得，那时候的他并不讨人喜欢。"朱迪奇回忆说，"看上去，他就如同一个职业球员一般，每天来到球场，就是训练，训练后洗澡，洗完澡回家，从不会在这里停留，也不和我们开玩笑。那时候他的意大利语没有问题，他和我们坦露：未来他会加盟 NBA。当然，当时科比说出这话的时候没人相信，我们觉得他顶多也就打打意甲。在我们看来，意甲已经是顶级的联赛了。"

有梦想才能放飞希望。这就决定了朱迪奇和科比的不同：同样是打篮球，朱迪奇的职业生涯更多时刻是停留在低水平组的联赛中，甚至是比丁级联赛还要低一级的联赛。1995-1996 赛季，他也曾在一支意甲球队担任过替补，不过他明白，自己无法像科比一样，他的职业生涯能达到那样的一个高度已经足够。

"我从来都不是一个完全意义上的职业球员，我最好只把那视为一个业余爱好。我很幸运，我有一个 NBA 传奇式的队友。之前，我曾因为出差去了一趟莫桑比克，我需要在很多人面前说话，但我不知道该去说什么。于是，我讲起当年和科比在同一支球队打篮球的经历，这时，所有人都瞪大了眼睛。直到后来，当我偶尔去租来的场地打球的时候，为了震慑对手，我会说'那时候我和科比……'。"

MAMBA
FOREVER

游戏情缘

老乡见老乡，两眼泪汪汪，对于布莱恩特一家人来说也是如此。相同的经历、异乡的孤独，乔·布莱恩特和很多前往意大利淘金的美国人都保持着很好的关系，其中就包括沃德一家人。

可能你还记得，小科比本是 1978 级的低水平组，他之所以能参加 1977 级的高水平组比赛，就是因为克里斯·沃德的力荐。科比和克里斯，一对孩子整天都在围着篮球转，即便是不去训练馆，他们也会用小橡皮球在房间里玩投篮，而在沃德家的楼下，克里斯的父母特意在那里安放了一个真正的篮球架，两个孩子总是在那里玩一对一。

"我们甚至一玩就是四五个小时，我觉得自己应该算是科比人生中第一个真正意义上的对手。"克里斯·沃德回忆说，"那时候我们俩个头都很高，我比他还要强壮些，我喜欢跑动、防守、得分。我是那支球队的组织核心，我的跑动十分频繁。之后几年我在一线队训练，分组比赛中我仍然是比赛核心，大家都把球传给我。"

"科比发育得要稍微晚些，因此他看起来更加瘦弱、更加修长。他的跑动并不算多，也不够快，他曾告诉我们他未来将成为一名 NBA 的球星。只要他这样说一次，我们就会取笑他一次。我们之间不停地较量，训练中我们总会比谁可以摸到比篮板更高的位置，这看上去有点蠢，但对我们来说就如同参加奥运会一般。"

小克里斯和小科比之间的较量不仅仅存在于球场上，和很多小孩子一样，他俩也喜欢那种插卡式的任天堂游戏机。《魂斗罗》《超级玛丽》《双截龙》等，可能当下的很多年纪与我相仿、与科比相仿的中年人都有着这样的回忆。"冬天的午后，我们常常整整一个下午都在玩游戏机。那时候科比能搞到在意大利买不到的游戏。有关篮球的游戏？不，不是。科比最拿手的是有关奥林匹克竞技项目的游戏，他的双手在手柄上飞速运转，几乎无人能敌。"

当然，科比更喜欢真实的篮球，但游戏世界同样可以让他体会到胜利的快感。小科比肯定想不到，之后自己竟然会成为一款游戏的主角。1998 年，任天堂公司在市面上推出一款名为《科比·布莱恩特在 NBA courtside》的游戏，在短短几个星期内，这款游戏就卖了 100 万张碟片——在职业生涯的第 2 个赛季，**科比成为史上拥有署自己名字的游戏的最年轻运动员**。

游戏热销让日本公司在第 2 年接着推出了《NBA courtside2: Featuring Kobe Bryant》。第 3 款有关科比的游戏则在 2002 年由另一家游戏公司于 GameCube 推出。

而到了 2009 年，科比成了著名篮球游戏《NBA 2K10》的封面人物——在 NBA，只有你是当时联盟的第一人或者是有望成为未来的希望之星的时候，你才能有机会得到这样的殊荣。当时，科比身穿湖人队经典的金色球衣怒吼的形象成了经典。值得一提的是，著名导演斯派克·李也参与了这次封面的设计，大家都知道，他是一位铁杆的尼克斯队球迷，但他为科比制作了三个身穿湖人队球衣的形象和一个身穿尼克斯队球衣的形象。纽约球迷喜欢科比，当年在麦迪逊广场花园豪取 62 分，全场球迷倒戈，为"黑曼巴"高喊"MVP"，生涯末期，还曾有过他可能加盟纽约尼克斯队投奔"禅师"的流言，只是流言只止于流言，而没能成为现实。

一生的偶像

写到这里，你已经知道科比崇拜过迈克尔·乔丹，崇拜过迈克·德安东尼，崇拜过"魔术师"，而随着年龄的变化他崇拜的偶像也在不断地变化，不过，**有一个人，却能称得上是"黑曼巴"一生的偶像，这个人便是奥斯卡·施密特。他是巴西人，从没打过 NBA。**

所以，如果科比没有在意大利的这段经历，或许他就无法看到这位在意大利篮坛人称"圣手"的家伙。意大利，成为科比·布莱恩特和奥斯卡·施密特的交集。

"圣手"的脸上经常会伴随着笑容，这一点和科比的老爸乔有点像。球迷们没有理由不喜欢这样一名球员：身高 2.03 米，他打起球来如同玩魔术一般——当年，在大多数球员挣扎于远投的时候，他扬起手来就是三分球命中。

"在意大利，我是在看着'圣手'与我父亲的较量中长大的。"科比曾这样说道，"我把他叫作'炸弹'。他是我的偶像，对我来说，他就是一个传奇。一场比赛拿到 35 分、40 分对他来说就如同家常便饭一般。看到他，我总是会告诉自己：'啊，如果我能像他那样运球，像他那样将球投中……'我的父亲和奥斯卡的风格十分类似，个子都很高，也都是优秀的投手。"

和乔·布莱恩特不同，奥斯卡·施密特从没有打过 NBA。他 45 岁时才退役，参加过 5 次奥运会，拿到过 3 届奥运会男篮得分王，在 1988 年的汉城奥运会上他场均竟然高达 42.3 分，同时也成为奥运会历史上总得分最高的球员，1093 分。要知道，奥运会男篮比赛可不同于 NBA 啊，单节只有 10 分钟，这还不说，停表也没有 NBA 那么多，允许有大量身体接触的不成文规则也不适合巨星的个人砍分。而在 1992 年的巴塞罗那奥运会男篮比赛中，奥斯卡·施密特更是上演"孤胆英雄"，一人就将实力平平的巴西男篮带到了第五的位置。那届奥运会施密特总共得到了 198 分，再度加冕得分王——同样是这届奥运会，最大新闻莫过于"梦之队"的参赛以及全世界球迷如醉如痴地为之癫狂，但实际上，迈克尔·乔丹只得到 118 分，查尔斯·巴克利也只得到 144 分。

整个职业生涯，施密特在顶级比赛的总得分为 49703 分，比 NBA 的历史得分王卡里姆·阿卜杜尔·贾巴尔还要多 11350 分。2013 年，奥斯卡进入了奈史密斯篮球名人堂，但遗憾的是，我们没能在 NBA 的赛场上看到"圣手"的身影。

其实，奥斯卡·施密特并不是没有机会进军 NBA。1984 年，新泽西篮网队曾经联系过他，为此，当时的球队总经理曾经征询过很多欧洲教练的意见，几乎所有的人都向他推荐施密特："他可比普通球员的水准高出一大截。"

新泽西篮网队中意这位欧洲巨星，但双方在薪资方面一直没能谈拢，当时，新泽西篮网队只能提供 7.5 万美金的年薪，而如果继续留在意大利，施密特可以得到 3 倍的薪资。这是可以理解的。职业球员也是人，也需要养家糊口。所以新疆队外援安德烈·布莱切会心甘情愿地在 CBA 打球，在这里他享受着绝对核心的地位，一年能挣 250 万美元；而你也不必催着易建联回 NBA 发展，在那里，他如果只挣一份底薪、上场时间不定，还不如打 CBA。即使是在职业体育场上，荣誉也很重要，但很多人也相信"宁做鸡头，不做凤尾"的道理。

"我知道自己的缺点，我不愿在一场比赛中只上场 10 分钟，如果你是球星，那 NBA 就是伟大的，但如果你不是，那你就该靠边站。"奥斯卡·施密特后来回忆称，"我的朋友乔治·格格契科夫曾在菲尼克斯太阳队打过一年，他告诉了我很多 NBA 不好的事情：队友们不喜欢他，不给他传球。我不喜欢这样的 NBA，对此我无法忍受。"

新泽西篮网队说奥斯卡·施密特要价太高，不过巴西人却称自己说什么也不会进 NBA 的。因为当时的 NBA 禁止球员参加国际性赛事，南美球员虽然狂放不羁爱自由，但对于为国争光这件事情，他们还是蜂拥而上的。"这是一种荣誉，是活着的理由！"他说。

于是，施密特继续着自己的意大利生涯，并期待着在和美国队的交手中证明自己。1987年的泛美运动会他们在决赛中碰到的就是美国队。当时美国队中有丹尼·曼宁、大卫·罗宾逊、佩尔维斯·埃利森等众多好手，但在决赛中，奥斯卡全场命中7记三分球，砍下了46分，最终帮助巴西队以120∶115击败美国队，并且终结了美国男篮在泛美运动会上的34连胜。比赛中，他的那记超远距离三分球绝杀，永远地载入了史册。

"他是国际赛场的迈克尔·乔丹。"当时的多米尼加主帅奥兰多曾说道，"不是我一个人这样说，很多人都这样说过。"

不管是在意大利还是在国际赛场，奥斯卡·施密特都不惧怕任何对手，但有一个人是例外，那就是科比的另一位偶像——迈克·德安东尼。1986年，奥斯卡率领的卡瑟塔队和德安东尼率领的米兰队争夺意甲冠军，奥斯卡是如此出色，全场砍下32分，但终究还是没有敌过德安东尼。而到了第2年，两个老冤家再度碰面，这次奥斯卡威猛依旧，可笑到最后的还是德安东尼。

"迈克·德安东尼抢走了我的两个冠军。"甚至2013年当从没打过NBA比赛的奥斯卡·施密特以球员身份进入奈史密斯名人堂的时候，他还如此不甘心。

不仅是科比，很多篮球界后辈都为奥斯卡·施密特所深深折服，尽管他没有在NBA打过哪怕1分钟。

"我的好哥们儿奥斯卡，好久不见，你还好吗？有些人自以为很懂球，但他们却连你的名字都没有听说过。整个篮球史上没有人能比你得到更多的分了，伙计，但是你就是能够做到，你是历史上所有顶级得分手中最棒的，你真的是一个牛人。"2004年在洛杉矶，奥斯卡坐在场边看比赛，巴克利一眼就认出了他，上去就是一个熊抱。斯台普斯中心的球迷并不认识奥斯卡，还以为是巴克利的哪个亲戚呢。

无独有偶，来自阿根廷的路易斯·斯科拉也将奥斯卡视为第一偶像。"他一直都是我最喜欢的球员，1990 年他来阿根廷打比赛的时候我还是拖地板的球童，我求得了一张和他的合影。"时至今日，斯科拉仍然保存着那张已经泛黄的照片；十年后，斯科拉没有想到他能有机会和施密特同场竞技。这种感觉，可能就像是当年的科比·布莱恩特见到迈克尔·乔丹、德马尔·德罗赞见到科比·布莱恩特一样，篮球，就这样传承下来了。

曾几何时，科比曾以为父亲就是这个世界上最强的人，但遇到奥斯卡·施密特之后，科比心中有了新的篮球之神。"如果我当年打NBA，我会是联盟前十的球员，不，应该是史上最强的 10 位球员，当时的 NBA 都是一对一，应该没有人可以阻止我，如果能有两个人来防守我的话，可能会好点。"施密特曾经说。

他当然也没有忘记科比，当年在意大利的那个活蹦乱跳的非洲裔美国小孩子。不过，提及这段交情他还不忘加上一句："当年我在意大利的时候，科比的父亲被我打爆了，他在意大利整整被我虐了 8 年。"

美国人常说，谁也无法击败时光老人。退役之后，奥斯卡·施密特曾经当过巴西篮球联赛的主席，而科比也没有忘记这位偶像。2013年夏天，科比收到了国际足联的邀请，前往巴西参加一项推广 2014 年世界杯的足球活动，他又见到了自己的偶像。

不过，这时候的"圣手"身体状况已经大不如前，他们告诉科比，两年前，施密特刚刚接受了一次大手术，切除了脑部的一个良性肿瘤，但之后他们又发现了他头部的一个恶性肿瘤，于是决定二次手术，并且接受了连续五个星期的化疗。"癌症找错了人，我会战胜它的。"奥斯卡·施密特依旧是老样子，不畏惧任何对手。

为了遮住头部手术留下的痕迹，他特意戴上了一顶帽子，而科比见到了奥斯卡·施密特也是眼前一亮，就如同是见到了神一般。二人开心地笑着，而科比则诉说着孩提时代自己是如何坐在电视机前等待着他的比赛、模仿他的动作和架势。

科比难以抑制自己的激动之情，在自己的 Twitter 贴上了二人重逢时的合影。那个夏天，**科比努力证明着，肌腱撕裂不算什么，那不能阻挡自己的职业生涯，**而奥斯卡·施密特也带着他年轻时的那份傲娇、那份勇气和病魔抗争着。两个时代的大师，却有着一样的坚强、一样的倔强。

两个时代的大师，却有着一样的坚强、一样的倔强。

MAMBA FOREVER

□ 第1次签名

　　科比还不太清楚，他的意大利之路已经快走到了尽头。他的父母一天天地老去，但他自己的篮球技术却日益精进，1990年，乔·布莱恩特在雷焦艾米利亚队的第1个赛季已经结束，赛季末，北方的都灵市组织了一届杯赛，科比为此兴奋不已，因为他所在的少年队将迎战北部最好的少年队。

　　都灵是意大利的第三大城市，是欧洲最大的汽车产地，不过更多的人了解这里是因为世界级的足球豪门尤文图斯队。球队入驻都灵的酒店，克里斯托弗尔·瓦尔德和科比住在了一个房间，对于那次的比赛，前者印象深刻。

　　"我和科比在赛前总是喜欢互换球鞋，对那时的我们来说，最激动的时刻莫过于收到从美国寄来的最新款的球鞋。那时候，科比已经拥有了'魔术师'的同款球鞋，这在意大利的市面上是买不到的。科比将那双鞋借给了我，对此我当然十分开心。"

　　"一天上午，我们刚刚结束了比赛，正准备退场的时候，一个都灵的孩子拦住了科比，他年龄非常小，可能还不到6岁，他将一支笔和一本篮球杂志递给了科比，然后小声问道：'能给我签个名吗？'尽管那场比赛科比的得分并不算高，但他的表演仍然让人感觉不可思议。签名，那是从未有过的事情。"

　　如果算起来，这可能是科比生涯中的第1次签名，如果那个都灵的小孩仍然保存着这份签名，那该有多么宝贵啊！

　　正所谓"打虎亲兄弟，上阵父子兵"，正当小科比打出名堂的时候，乔·布莱恩特也迎来了一个不错的赛季。1990年，在季后赛的1/8决赛中，他率队战胜了强敌罗马队，但随后他们输给了当年的冠军佩萨罗队。整个雷焦艾米利亚队为乔·布莱恩特而疯狂，而俱乐部也决定认真研究夏季的转会形势，争取更上一层楼。

续约乔的做法没有错，但他们的错误在于续约了一个名叫雷迪克的前锋：之前的一个赛季的季后赛，雷迪克已经有了膝伤隐患，新赛季的 11 月份他伤势难忍，已经无法出战。这次，他们又犯了一个错误：签下了格格契科夫。没错，就是上文提到的奥斯卡·施密特的好友。

这位东欧的首位 NBA 球员首秀很惊艳，但自那之后他就"泯然众人矣"，没人知道发生了什么。赛季的最后 17 场，他们一共只赢了 5 场，伊萨克教练下课，新任主帅马西莫也无力挽救。

"那个赛季，乔的表现其实可圈可点，但整支球队状态太差，球队战绩并不尽如人意。乔是个好人，那时候，他的意大利语已经很好了，他给了我们一切他能提供的东西。"球队经理普兰迪说道。

那个赛季，乔·布莱恩特的球队最终排名意甲第 14 位，不得不打季后淘汰赛，以决定球队是否会降级。但在那个系列赛中，他们在 10 轮比赛中一共只赢下了 3 轮，无奈被降入乙级。

那个赛季，乔·布莱恩特场均可以拿下 21.5 分、6.0 个篮板，但他的自尊受到了伤害。可能他是时候离去了，真的。

朋友的讲述

乔·布莱恩特的信心受到了严重打击——本以为，在意大利他会以救世主的形象上演美国的好莱坞巨制，但到了最后时刻，他却发现自己也只是普通人。也许是时候离开了，乔在内心告诉自己。亚平宁这个古老的国度，曾经让他重新燃起了对篮球的希望，但现在他已经老去，不再是年少不羁的年轻人。

他的另一个担忧是科比。如今的科比已经长大，处在一个很容易产生叛逆心理的青春期。

科比，不，现在应该很严肃地称为科比·布莱恩特了，他已经成为一个不折不扣的意大利人，每天早晨从郊区的家出门，和面包房师傅打招呼，和报亭老板开几句玩笑，和同龄孩子打篮球，有时候也会做着身披 AC 米兰队球衣的美梦。科比不愿再度奔波，这里有他熟悉的比赛、熟悉的食物、熟悉的语言，当然，还有熟悉的朋友们。

乔尔乔雅·加洛是一个有着一头棕色秀发的女孩，十分漂亮，如今，她已经是雷焦艾米利亚的一名律师，而在当年，她和科比曾有着纯真的友谊。在科比成名后，很多八卦媒体曾把这段友情翻出来说事儿，但当时两人只有 10 多岁啊，而且，在那样的一个修女学校中说他们是男女朋友的关系确实有些夸张。乔尔乔雅一直不愿谈科比的问题，她想要保护这段纯真的友谊。

"我不愿多谈和科比之间的事情，那已经过去很久了，有人还想通过这个获得个人利益。我收到过很多邀请，但我都回绝了，有关他的一切你们都已经知晓，这不是为了我，是为了他。"

而回忆起科比的学业，乔尔乔雅则表示："他的英语很好，这是当然，体育也十分出色。其他科目有些费力，这可能和语言有关。"没什么夸大其词的成分。和其他人一样，虽然父亲是意甲赛场上的球星，但科比并没有表现出"星二代"的姿态。"在学校里，他和老师之间、和我们这些同学之间，都没有什么问题。**他很安静，也很虚心，实际上，他并没有因为自己的父亲是球星就显得十分高傲。**"

"那时候，他爱听的音乐和我们不一样：我们都会去听一些意大利本土歌手的歌曲，而他听的歌在意大利都买不到。有时候我们会在周日下午一起去跳舞。科比毕竟不是出生在意大利，或许因为如此，他不爱显摆，也不活泼。成名后，他身边的人都发生了变化。想要从身边的人那里得到真正的友谊并不容易，因为有些关系或许只关乎利益。每次回到这里，他只会见那些真心喜欢他的人，我们热爱他，并非因为如今他成了名人，而是因为我们儿时就结下了友谊。"

越长大，越孤单。勒布朗·詹姆斯、德怀恩·韦德、克里斯·保罗、卡梅隆·安东尼，你们都知道这四大巨星之间的关于友谊的故事，但你们却不知道在科比身旁除了瓦妮莎还有谁。若不是通过卡隆·巴特勒的自传，你可能都不会知道纵横 NBA 赛场 20 个赛季的科比在 NBA 这个圈子里却只有四个朋友。

但科比儿时的朋友，除了乔尔乔雅·加洛，得再次述说克里斯托弗·瓦尔德。如果没有他，小科比可能不会那么快就融入雷焦艾米利亚的生活。克里斯托弗的父亲是一名美国越战老兵，在位于意大利维琴察的美国军事基地工作，后来，他结识了一位意大利姑娘并共结连理。

克里斯托弗和科比十分相似，但也有些不同。他们都说英语，都是有色人种，都爱篮球，所以没过几个星期他们就成了形影不离的朋友。"科比拥有篮球并预知自己在 NBA 会有一个足够漫长的职业生涯。他不像我那样着急融入一个新环境，他有篮球陪伴，有些愿意陪他打球的朋友。如果因为某种原因，我们彼此之间不能见面，对他来说也不是问题，因为他拥有自己想要的一切——一个篮球、NBA 录像带、一个非常和睦的家庭。他是一个既能与朋友相处，也能够自娱自乐的人。"

如今的科比已经成长为一名 NBA 顶级巨星，而他儿时的篮球伙伴克里斯托弗·瓦尔德也曾打过一些低级别职业联赛，后来他去了米兰，学习建筑。"在电视中看到科比，我总觉得那是另外一个人。我们都曾经年少爱追梦，只是科比实现了梦想，而我没有。"

虽然意大利和美国有千里之遥，时至今日，科比仍然和克里斯托弗·瓦尔德保持联系。

意大利对他来说至关重要，不仅仅是在篮球的培养上，更是在性格上。

他成长于一个美国家庭，但上学却是和我们一样的，他就是一个意大利人，初回美国他甚至因此遇上了一些障碍。这很正常，因为他已经不是美国人了，他连英语都说得磕磕巴巴，也不懂美国街头青年的那些俚语。"

在克里斯托弗·瓦尔德看来，时至今日，科比的身上仍然保留着许多意大利元素。"不仅仅是穿着，在去客场比赛的时候科比仍然会带一本书，而其他球员或许只带游戏机。美国人也懂得如何展示他的意大利特性，这让科比显得很是不同，许多广告里，他们都会让科比展示意大利语。职业生涯初期，科比懂得穿着，手里经常拿着书，这种优雅，就是一种意大利格调。"

中国球迷开玩笑说，科比的球迷有60E，其中不乏压根不懂球的女球迷。而在意大利这样的一个时尚国度，有米兰时装周，也有阿玛尼、华伦天奴、普拉达这样的国际大牌，而事实上，时尚也曾给科比的职业生涯带来过不小的影响，在科比的纪录片《MUSE》中，他用文字进行了描述：

"我21岁到了米兰，有幸遇到了阿玛尼先生。对于他是如何凭借灵感和直觉做事，我十分好奇。他告诉我，当阿玛尼公司正式成立的时候，他已经年过40岁，我听了感到害怕，因为对于一个职业运动员来说，35岁已经是生涯末尾，36岁还在打那就是运气好。可如果退役，我会做些什么呢？从那时候开始我就在思考：职业生涯退役的时候我该去做些什么？"

"或者我可以撰写文案，做艺术指导。但是我花了 15 年的时间才真正明白了自己喜欢的是什么。最开始，我考虑的是哪里能让自己赚到千万美元，但后来我告诉自己，该死的，**你最初开始打篮球是因为你喜欢，而不是成为百万富翁**。我问自己：如果不打篮球，我会做些什么？**我喜欢说故事，说一些对人有启发的故事，这也是我拍摄《MUSE》的初衷。**"

MAMBA FOREVER

🏀 难说再见

　　乔·布莱恩特 38 岁时，他的职业生涯已经走到了尽头，这正是如今的科比·布莱恩特正在体会的，曾以为离开之后再也不会相见，但对于意大利的眷恋，科比和意大利的故事远远没有结束。

　　在自己的职业生涯中，如果有机会科比就会去意大利，带着他的女儿，带着瓦妮莎。科比和意大利的故事没有结束，他和这片土地的故事永远都不会结束。

　　2011 年，NBA 经历了历史上的第 5 次停摆，谈判僵持不下，球迷们无球可看，唯有等待、着急。球员们没比赛可打，没工资，各俱乐部也没有广告、电视转播费用。而篮球记者们，也只能用一条条的流言充数，当作新闻。

　　这时候，J.R. 史密斯、肯扬·马丁来中国打 CBA，分别在浙江队和新疆队效力；达尼罗·加里纳利回意大利加盟老东家米兰奥林匹亚队，没错，就是迈克·德安东尼征服欧洲的那支——米兰奥林匹亚队。2015 年 3 月 21 日，一场欧冠比赛的中场时间，他们还为迈克·德安东尼举办了 8 号球衣的退役仪式；而关于科比·布莱恩特，贵为联盟头号球星，此时他重回意大利的流言也散播开来了。科比当时也确曾亲口表态："你们想知道我是否会来博洛尼亚队打球对吗？我想说很有可能。在美国，他们不明白我的梦想是在这里打球，因为我是在这里长大的。意大利一直都是我度假的首选之地。"如果科比真的去意大利打球了，说不定"闪电侠""皇帝"也会跟风而离开美国本土寻找机会。据称，米兰队当时开给科比的年薪是 500 万美元，但时至今日，仍然有很多人怀疑，"黑曼巴"加盟意大利球队只可能是俱乐部主席萨巴蒂尼编的一个故事。

　　而事实上，2011 年 8 月就有消息称，科比·布莱恩特已经决定来中国打 CBA，甚至和山西汾酒队签约，薪资高达 200 万美元 / 月，并

且定于 10 月 1 日和山西汾酒队会合。若不是最后篮协出台规定，禁止
NBA 球员打短工，可能科比就真的来打 CBA 了。

如今，经历了 20 个赛季的波折，科比已经很难再去意大利打球了，
尽管他们希望"黑曼巴"能够追随父亲的足迹。更现实的可能性则是，
他会以另一种方式帮助意大利篮球发展，比如说训练营。

一句话，小科比的意大利之旅结束了。如果没来意大利，他可能
会有另一种人生；而事实是他来意大利了，在这里，他与家人关系和
睦，他自己身旁也从来不缺朋友，那是一个无忧无虑的时代，或许也是
科比·布莱恩特人生中最美好的时光。

MAMBA
FOREVER

第三章

冠军的意义

1991－1996

人生的第一个辉煌便是率领劳尔·梅里恩高中拿到州冠军，而这个过程，也是科比从并不为众人所认同的边缘人一步步走向众星拱月的领袖式人物的过程。这个过程，与他在NBA的发展是完全相同的节奏。

□ "怨" 与 "仇"

意大利距离美国不算太远，主要的阻隔是两大洲之间的大西洋，坐飞机大概也只需要 4 小时。我在美国采访 NBA 这么多年，经历了很多你们不知道的事情，其中之一便是从洛杉矶坐飞机到纽约有时候需要 8 小时。对于日后定居洛杉矶的科比·布莱恩特来说，这样的感受可能更加痛切：相比意大利，同样位于东海岸、与纽约之间的距离几乎不能算是距离的费城反而是那么陌生。

因为费城这座城市与科比之间有着太多的恩怨情仇，而其中又以"怨"与"仇"的成分居多。

故事太多，后面还要一件件地详述，这里只说个梗概。

1991 年，13 岁的少年科比·布莱恩特，操着一口奇怪的、带有意大利语调的口音，正式进入家乡的篮球圈。他所就读的劳尔·梅里恩高中的少年们，一度对科比很是鄙夷：意大利小子还会打篮球？然而，科比很快就用实力让同龄人闭嘴。但这样的结果也不意外。很快，这位从小就与父亲一对一斗牛、不赢不罢休的偏执男孩带队夺取了宾夕法尼亚州冠军。高中时纵横无敌，前路该如何选择？科比头也不回地做了这样的决定：**直接参加选秀。**

1996 年的选秀大会，费城用 1 号签选中了阿伦·艾弗森。曾有传闻称，科比的天赋曾令费城 76 人队震惊，但用 1 号签去挑选一位高中生，这是万万不可能的。"答案"当然厉害，他独特的造型、拉风的速度、神乎其神的技巧如同暗夜中的萤火虫般耀眼。而接下来的事情也是顺理成章的：艾弗森夺下最佳新秀，而科比的菜鸟赛季更多时候是与板凳为伴。借用中国时下流行的网络语言，正所谓"少年不识愁滋味，一怒之下便中二"，那时候，年轻气盛的科比对于艾弗森尽是不服，对于家乡人更是嗤之以鼻，甚至选择了用交恶的方式对待费城球迷。当他第一次代表洛杉矶湖人队来到费城的时候，他是这样交恶发表宣言："我是一名来自洛杉矶的球员。"

整个费城都被点燃了，哪里来的狂妄小子！

口水仗只是开始，2001 年的总决赛，费城人对于科比的厌恶达到高潮。除了与沙奎尔·奥尼尔联手干掉费城 76 人队外，科比在赛前曾经轻蔑而又血腥地表示："割掉费城球迷的心。"

科比做到了，他捧起了人生的第 2 座总冠军奖杯。只是，他留给费城、留给家乡的是永远无法忘却的痛苦与愤恨。费城不会忘记科比在他们伤口上撒下的盐。彼此之间，终于彻底决裂，科比·布莱恩特被费城视为叛徒，阿伦·艾弗森才是真正的英雄。

2002 年的全明星赛科比勇夺全明星赛 MVP。他满以为家乡球迷会给他一些面子，却不料第一联合中心却爆发出了最大分贝的漫天嘘声。很显然，科比先前刻意对立的言论与挑衅的行为，早已让费城球迷咬牙切齿。至此，之后的十余载每当科比踏进这座球馆，迎接他的总是嘘声与倒彩，以至于年复一年被追问这个问题的时候，科比都显得有些尴尬。

"他们爱我，所以才会嘘我。"

但今时不同往日，科比的"全美告别巡演"开始了，而且，费城是第 1 站——一切的恩怨也该随风而去了。科比希望家乡人民能够宽恕他之前的狂妄，宽恕他的孤傲。放下恩怨，再次回到费城 76 人队的主场球馆——现在已经更名为富国银行中心，为这里的球迷、为他的教练、为他的队友奉献自己的最后一次努力。

"回到家乡是什么感觉？一切都很美妙，毫无疑问，这会是令人激动的夜晚。"

科比释放善意在前，接下来费城球迷也不会再用嘘声来招待他了。厌恶与憎恨，就此烟消云散。这样的夜晚现在就要来了，就在 2015 年 12 月 1 日。

在科比驾临费城的这个夜晚，富国银行中心涌入了超过两万名球迷，上空的大屏幕上一段视频忠实回放着科比昔日的光辉岁月。"亲爱的科比，你将永远是那个费城之子"，煽情的开头，令全场掌声雷动。而当"我们比全世界其他地方的人更了解你，更敬重你"的结尾出现时，科比也不得不动容了。

没有一丁点儿的嘘声与倒彩，超过两万名家乡父老集体起立，用雷鸣般的掌声向科比致意。

更令人意外的是，一代传奇"J博士"与科比高中时的教练唐纳也一起现身球馆并走到球场中央，赠送给科比一件劳尔·梅里恩高中时所穿过的24号球衣。科比接受了礼物，与他们一一拥抱。

这时候的科比感激家乡的一切，感激他的高中教练曾经对他的悉心指导，感激费城76人队为他举办一个如此特别的仪式。当家乡父老又开始集体高喊"科比！"和"MVP！"的时候，科比的心中再次塞满了感激，他感激这里的球迷终于能够敞开胸怀接受他这位离家19年的男人，感谢他们不再用仇恨的眼光去对待他。正所谓"君以国士待我，我必以国士报之"，一切的一切都是相互对应的。

科比自然要为父老乡亲竭力奉献，以竞争者的身份。**首节他便释放了全功率，拿到13分，仿佛让费城人又看到了当年在这里叱咤风云的"黑曼巴"**。只可惜这终归是幻影，不再年轻的科比无法坚持太长时间，末节的崩盘定律再次灵验。当科比想像年轻的时候那样最后一搏，带领球队的年轻人去追分时，已为时太晚，91∶103。湖人队拱手送上胜利，令76人队打破开季以来一场未胜的尴尬。从如此的角度来看，这次的告别是不是皆大欢喜的结局呢？费城球迷既收获了胜利，又看到了科比。

然而，那晚，主角注定是科比·布莱恩特，再无其他。谁会在乎比赛的胜负呢，当记分牌定格在91∶103的那一刻，听到全场家乡人民呼喊"科比！"的时候，他的内心再起波澜，向场馆内的所有人挥手，而此刻，76人队全体球员一一与自己的偶像拥抱。

"真的不一样。我已经与詹姆斯对战过两场，也跟杜兰特有过交手，但是当你看到科比·布莱恩特的时候是完全不同的感觉。我在力量房做拉伸，然后他走了进来。那感觉就像你看到了上帝。对我来说，他就是我的迈克尔·乔丹。他是那个我一直在关注的人。你看到他拿过 81 分，你看他拿过 5 个总冠军，我一直都支持他去赢得总冠军，所以能够看到他太不真实了。"2016 年的 3 号新秀贾希尔·奥卡福本有机会成为科比的队友，但湖人队并没得到他。在谈及科比时，他依然是那位最忠实的粉丝。

而这，便是科比在这些年轻球员心中的榜样力量。

当科比走回更衣室时，费城球迷仍然依依不舍，留在球馆里继续呼喊着"科比！""科比！""科比！"……

"他们感动了我。我没有想到会是这样。我真的非常非常感谢，真的真的很特别。你根本无法描述这种感受。"

感谢和感动，科比不止一次地提到。今晚的比赛让他明白：家乡人民还在爱着他，拥抱他，送别他。如果他退役后回到费城，这里的所有人都会欢迎他回家，抛开过去，抛开恩怨，今晚只有爱，只有美好的回忆，而这一切就是因为科比的伟大，因为他是费城之子。

费城，用一次最特别的方式送别了科比·布莱恩特。但连科比自己都没有想到，后面还有一系列类似的告别仪式。凡是科比在客场的最后一场，对手都会为他准备一些纪念视频来致敬这位伟大的传奇。而科比所到之处球票早已售罄，不管湖人队战绩有多差，人们根本不会在乎。因为他们的关注点只有一个人，那就是科比·布莱恩特。

🏀 故乡=异乡

现在，得先说说**他与费城的"恩"与"情"**了。

时间已是 1991 年，乔·布莱恩特在意大利打完了第 8 个赛季，他 38 岁了，这些年在意大利挣到了足够多的钱，足以让他的下半生过上舒适生活，让 3 个孩子受到好的教育。

回到费城，乔·布莱恩特在富人区劳尔·梅里恩买了一套房子，与此同时，他开始转型去一所大学当教练。而此时，小科比已经 13 岁了，尽管他的身高已经长到了 1.78 米，但美国可没有什么省队、少年队之说，他还需要继续读书。

小科比和他的两个姐姐读的是劳尔·梅里恩高中，一所贵族学校。和在意大利类似的是，小科比在班上几乎找不到几个黑皮肤的人。更可怕的是，同学们对他那口带有意大利口音的英语总是一番嘲笑，用异样的眼光看着科比，仿佛他们身旁真的来了一个意大利孩子。

科比不喜欢这所学校，不喜欢身旁的人，甚至可以说不喜欢美国，因为这里让他不熟悉，让他仓皇失措。

"我不懂美国俚语，我是个意大利男孩，我不懂那里的时尚，而且我不会拼写。老师和妈妈说，我可能有阅读障碍症，那就像是有人把我丢到了桶里一样，丢进了一桶冰水里面，那感觉，真是吓死人了。"

"在这里我谁也不认识，很尴尬，我瘦瘦的，也不太讲话，独自一个人坐在食堂里，没有任何朋友。搬到这里，**我真的很不高兴，我心中充满了很多的愤怒，还有怨气，这些东西一直都没有释放出来。我把那些放置在一边，把那转化为动力，然后做我热爱的事情，那就是打篮球。带着怒气打篮球。那种经历是前所未有的，但我爱死了这种感觉。**"

已经 13 岁，科比开始进入叛逆期，和自己父母的关系并不好——也可能就是在那时候埋下了祸根，科比不知道为什么他的父母不能留在意大利，而是将他带到了这样的一个地方。

讽刺的是，科比是一个美国人，但在这里他却遭受到了文化冲击——美国社会生活让他感到不适。好在科比还有篮球，在学校没有同伴，他将绝大部分时间都消耗在了篮球场。

"我知道通过比赛可以达到忘我，无论生活中发生了什么，我总能踏上赛场，我会用球技说话，在赛场上彻底地爆发。" 进入新学校后不久，科比就参加了校队训练，刚开始，他跟随二队打球。不过，还是因为文化上的差异，科比不懂队友的那些俚语，在场上无法和队友形成呼应。配合？美国篮球和意大利篮球可不一样。

"万军丛中，取对方首级如同探囊取物一般。"

不过科比无须惧怕这些，在同龄人中他的身体素质堪称顶级，很多时候他一个人从后场运球，一条龙贯穿全场，突破对方所有的防守后得分，就如同中国戏曲中所说"万军丛中，取对方首级如同探囊取物一般"。

科比的柔韧性、爆发力、人球结合的能力让你叹为观止，就这样，一个 13 岁小孩表现十分抢眼，也吸引了校队教练格雷格·多纳的注意。

伟大的伯乐

"世有伯乐，然后有千里马，千里马常有，而伯乐不常有。"科比只有 13 岁，没有人知道这个孩子未来会达到什么样的高度，在美国，年少成名的孩子太多，半路夭折的孩子也太多。不过有一个人却看好科比，算起来，他称得上是"黑曼巴"遇到的第一个伯乐。

那时候，格雷格·多纳自己也只有 26 岁，在大学里打过几年球，是一个不错的防守型后卫，其他体育老师向他推荐了科比，于是，他决定亲自试试科比的身手。一个星期五的下午，校篮球队的学生们都放学了，和普通学生一样，他们有的去打电动游戏，有的回家看电视，平时喧闹的球场这时候显得有些空旷，一缕缕阳光洒在地板上。

格雷格·多纳来到球场，他看到有人还在场边运球、上篮；而科比·布莱恩特还是老样子，喜欢和"鬼魂"决斗，转身、突破、勾手，一气呵成。

"嘿，科比，你在和谁玩斗牛？"多纳问道。

"你好，教练，我在和影子敌人对决。"小科比回应，一副羞涩的面庞。

影子敌人？小科比的回答让多纳更是充满兴趣，他走上球场，对科比说："好吧，现在我是你真正的敌人，来，让我们来一场真正的斗牛吧。"

科比又笑了笑，他似乎显得有些胆怯，可是一旦球到了他的手里，他仿佛变成了另外的一个人。多纳试着紧贴科比，可是，这个小孩子突然一个假动作向右走，然后向左侧横跨，马上突破杀到了篮下。10分钟后，多纳决定放弃。"我承认，我当时的确打不过那个 13 岁的小鬼。"多纳回忆称，"他简直就是一个魔鬼，或者说是缩小了的迈克尔·乔丹，一对一的情况下，你想要防住科比是不可能的，我从来没有见过中学生有这样的。"

和教练决斗后，科比成了校队主力，多纳答应请科比吃东西，而科比想了想说："通心粉，还有馅饼。"一副意大利口音。他还是喜欢吃意大利食品。

多纳喜欢科比的天赋，尽管能力有限，但他却愿意为此倾其所有。"科比很早就显露出了在篮球上的天分，当时他的身材修长，而且还有继续生长的空间，但我知道科比拥有什么样的基因，他那身高2.08米的父亲就站在场边呢！讽刺的是，在我还是孩子的时候，我曾经买过费城76人队的季票，在现场，我看过乔·布莱恩特打球，当时，我和科比的爷爷坐在同一区。"

科比很喜欢多纳，更确切一点来说可能是感激，科比曾说，自己今天能有这样的成就，多亏了多纳的教导。虽然在高中时期科比已经展现出了出色的天赋，但他离NBA还差一点儿。那就是：立足NBA的基本武器。

在金庸的武侠世界中，乔峰有降龙十八掌，段誉有六脉神剑，张无忌有乾坤大挪移。放在NBA中，迈克尔·乔丹有后仰跳投，卡里姆·阿卜杜尔·贾巴尔有勾手，史蒂夫·纳什有妙传，斯蒂芬·库里有随处出手的三分球。科比·布莱恩特也有他的必杀技，那就是美如画的跳投，但就如武学大家修炼神功一般，得有了一定的道行才能修炼更高层次的功夫，基本功不扎实，练出来的只会是花拳绣腿，走火入魔也说不定。那时候科比所缺的道行，就是基本功。

多纳尽自己最大的能力去帮助科比，帮助他一次次地练习中投，一次次地练习中距离投篮、脚步移动以及无球跑动。科比曾说，自己能从高中进入NBA，有个人尤为关键，而这个人就是格雷格·多纳。"格雷格一直在激励我。那是一个个的挑战，我会不断追逐它，职业生涯中，我很庆幸自己和很多优秀的教练合作过，而他就是其中的一个。"

格雷格·多纳让科比的基本功更加扎实，正因如此，你会发现：科比每个赛季归来都会有一些新动作。

进入联盟初期，科比很多空位投篮都没有那么大的把握，但在此之后，抛投、勾手、梦幻脚步，甚至是金鸡独立，都逐渐进入了科比的武器库中。

格雷格·多纳为科比所做的，"黑曼巴"一直都铭记在心中。而同时，科比·布莱恩特也成了格雷格·多纳心中的骄傲："我一直在激励他，让他成为最好的球员，他看上去没有明显的弱点。我知道他会变得更加强大，很少看到有孩子能像他一样优秀。成长过程中，我一直都是76人队的球迷，而且不喜欢湖人队，但是在过去的20年中湖人队一直都是我喜欢的球队。"多纳笑着说了这些，他永远都不会忘记那个下午，阳光洒满地板，一个非洲裔美国小孩在和影子决斗："嘿，让我们来次真正的斗牛吧。"

MAMBA FOREVER

这就是科比（一）

在美国，最开始的情景就和在意大利一模一样，科比总也摆脱不了"乔·布莱恩特的儿子"的称号。"我记得那时候，8年级篮球教练对我们说：'有新人来了啊，他爸爸是NBA球员，他也很厉害，他要加入我们的球队。'那时候的科比身高已经有1.85米，梳着小辫子，会投三分球。"科比的劳尔·梅里恩高中校队队友大卫·莱斯曼回忆说。

助理教练德鲁·唐纳也对那时候的科比印象深刻："人们提到他的时候，总是会给他贴上'乔·布莱恩特的儿子'的标签。就像是这样：'乔·布莱恩特的儿子开始读8年级了，你们将见识到他的风采。'"和那些熟悉科比·布莱恩特的人一样，唐纳也表示，那时候的科比很独立，几乎不用父母操什么心。"科比的父母会支持他、鼓励他，但完全不管他，对他进行放养，不会逼他去做什么。科比是一名有天赋的球员，他父母这样做很奇怪，我觉得这主要是来自科比，*他非常自律，内心也充满了动力。*"

科比如同班级的优等生，每个老师都会喜欢那种渴望进步的劲头。科比一刻也没有放松自己的努力，作为回报，他进入了校队的首发阵容。撇开科比·布莱恩特今天的成就，将时间切换到劳尔·梅里恩高中，一个才读9年级的新人，能在拥有众多11年级、12年级学生的校队中出任首发球员，这听起来是一件匪夷所思的事情。

科比在劳尔·梅里恩高中第一年的表现，只能算是中规中矩，这点有些像他进入NBA后的轨迹。但即便如此，科比仍在扎扎实实地打磨技术。

科比绝对是联盟基本功最扎实的球员之一，否则他不会是如今的科比·布莱恩特，而只能是尼克·杨。

有人说，现在的NBA球员和老一辈球员最大的差距是在基本功上，如今的球员天赋太好，空中二次起跳、大折叠、空中转向似乎无所不能，

2016 年 2 月 13 日的全明星周末扣篮赛，扎克·拉文和阿隆·戈登之间的对决惊为天人，被誉为是史上最强。但现在联盟中究竟又会有多少人像迈克尔·乔丹、斯科蒂·皮蓬一样，赛前传球就要练 1 小时？又有多少人能像 38 岁的科比·布莱恩特一样，赛前 4 小时就来到了训练场？

"现在的 NBA 无论是精神压力还是身体对抗强度都很高，但科比可不会认输，他认为自己还能像 15 年前那样做任何事情。当初在菲尔·杰克逊手下打球的时候，他有一个非常好的习惯，就是每天练 15-20 分钟的基本功，练最基本的脚步，因为在意这些细节，所以科比可以随心所欲地做他想要做的事情，创造出他想要创造的空间。"

"我会一遍又一遍地练习动作，尤其是我年轻的时候，我真的不是很在意自己的速度快不快，而是专注于动作细节，无论是后仰跳投还是胯下运球，我一遍又一遍地去练习，然后，我做这些动作的速度就会快很多，我的脚步也就快很多。当你经过无数次的重复之后，你的那些进攻方式也管用了许多，篮球最重要的不是速度，而是技术。"

"如果想要达到让对手无法阻挡的级别，那你需要先对自己的进攻有所预判，如果你无法预判，那你怎么知道下一步该怎么做？又如何去破解所面对的防守？"2014 年，"黑曼巴"曾经这样教训洛杉矶湖人队的小弟们。

NBA 永远都不缺乏有天赋的年轻人，但扎实的基本功才是科比·布莱恩特和"你科杨""小科比""白曼巴""黄曼巴""红曼巴"等一系列科比仿制品的区别。

科比希望火炬传承，碰到后辈，他不会吝惜分享自己的成功经验，可能这也会是"飞侠"退役后最享受做的事情。所以，如今在公开场合他不止一次地强调基本技术的重要性，而当看到 AAU 联盟正在毁掉年轻一代，他也会破口大骂。

美国的 AAU 业余篮球联赛有着很大的影响力，科比、詹姆斯等人都参加过这项比赛，不过，在如今的 AAU 联盟中很多年轻球员都不太重视篮球那些最基本的东西，对此，科比曾经不止一次地发出声讨。
"AAU 联盟正在摧毁我们，他们都没有如何打比赛的理念，不懂得如何无球跑动以及击败无球跑动的球员，他们都没有二人配合或者是三人配合的概念，那是一种失传的艺术。"

"我认为欧洲球员的技术比美国球员好很多。他们在很小的时候就学到了正确的打球方式，他们的技术更加出色，而这正是我们需要改进的地方。而 AAU 篮球非常愚蠢，他们根本没有教会孩子们如何打球。所以你看到那些身材高大的孩子，他们花拳绣腿，但根本不会打低位，他们不懂篮球的基本功。在美国，我们没有去教孩子们如何打出全面的比赛，而这也是为什么我们能看到加索尔兄弟、看到马刺队阵中九成是欧洲球员的原因。"

科比非常感激欧洲的那段时光，感激格雷格·多纳对自己的帮助：
"如果没有那些，我可能都不会用左手运球和投篮，也不会有那么好的脚步动作，我确实挺幸运，因为我在意大利生活的时候，阿诺德·奥尔巴赫、泰克斯·温特等伟大教练经常会去欧洲举办训练营，然后再把这些东西传授给孩子们，我、马努（吉诺比利）还有其他一些球员，差不多都是在这时候成长起来的。"

这就是科比（二）

高中的第 1 年，还在读 9 年级的科比·布莱恩特能坐稳首发已是惊奇，但从第 2 个赛季开始他真正展现出了他在球场上的统治力。和以往不同的是，这一年，乔·布莱恩特成了球队的助理教练，但科比可不管这些，他依旧如疯子般依恋篮球。

时间已是 1994 年的夏天，科比经历着残酷的魔鬼训练，对于一个 16 岁的少年来说，那场景简直是难以想象。盛夏的两个月，科比一直在打比赛，对手都是那些比他大至少两岁的球员，他还参加了两个青年篮球训练营，然后又在父亲的母校和那些刚进入大学的年轻人一起训练。

科比不爱坐父亲的车去球馆，因为他嫌父亲起床不够早，而且因为科比还小，没有驾驶执照，所以科比只能每天一大早骑自行车去球馆——他把这当作 1 小时的体能训练。

1 小时的旅程只是开始，接下来就是让你瞠目结舌的事情了：从早 9 点到晚 9 点，整整一天，科比在球场上变换着花样训练，实在撑不住了，他才停下来休息，连吃饭喝水的时间都被他压缩到了不能再少。而到了正常的训练中，科比和其他人一起训练，甚至比所有人都更加卖力。当球馆中没有人了，科比还会加练远投。最开始的时候，乔·布莱恩特还和儿子一起回家，但没过多久他就选择了放弃。"我这个儿子是个工作狂，除非你对他大吼大叫，否则他是不会停下来的。"

科比就如同一只"球馆老鼠"，他实在是太勤奋了，甚至球馆看门的大爷也因此变得十分清闲。晚上到了下班时间，大爷大吼一声："科比，我先走了，记得锁门！"然后他就可以大摇大摆地回家去了。而科比会在训练后整理好器具、关灯、锁门，钥匙自然是放在科比的手里，因为第 2 天没人会比他来得还早，他会帮大家开门的。

科比如同疯子，不管你是不是科比的球迷，你肯定知道"凌晨 4 点洛杉矶"的这个梗。科比不是天赋最好的球员，但他一定是最努力的球员。科比高中时的初恋女友布兰迪·诺伍德回忆往昔时曾经说过："整个夜晚，他都在看比赛，但我不介意，只要那是他喜欢干的。我们相恋10年，但他最喜欢的事情就是在电视机旁反复看迈克尔·乔丹、'魔术师'的比赛精华。"

O.J. 梅奥曾是2007年的第一高中生，他曾参加过科比的训练营。梅奥问两人可不可以单独训练，科比答应了，并回答说："3点我来接你。"第2天下午3点，梅奥问科比在哪里，科比回答称："是凌晨3点。"

MAMBA
FOREVER

这就是科比（三）

疯狂的训练，让科比的球技飞快成长。正是因为他的进步，才赢得了更多人的尊重。科比刚加盟劳尔·梅里恩高中的时候，他们的校队只有 4 胜 20 负，但第 2 年他们便以 26 胜 5 负闯入了 1/4 决赛。

那时候，迈克尔·乔丹在美国乃至全世界都可谓全民偶像——宇宙级的，科比也希望自己能像"神"一样。这不仅在于那些惟妙惟肖的进攻方式，还在于那种精神意志。在对阵哈弗福德学院的比赛前，科比得了流感，腹泻不止，就如同迈克尔·乔丹在 1996–1997 赛季总决赛的第 5 场那样。"赛前他一直在吐，完全无法和我们一起热身。"当时的队友斯图尔特说道，"但在比赛中你完全看不出他是一个病人，那不是最好的科比，但他还是拿到了 45 分。"

科比的个人技术越来越好，他也越来越具有领袖风范，到了在劳尔·梅里恩高中的第 3 个赛季，科比对州冠军的渴望已经达到了狂热程度，只不过他的队友们不知道这是福是祸。

"我猜，如果你仔细审视我们的球队，给每个人都分工的话，那时的科比应该算是我们的小前锋，但实际上他什么都做。他又投篮，又防守，还会负责运球。"当时的队友埃莫里·达布尼回忆说。

好在主教练格雷格·多纳喜欢科比，喜欢他对球队的那种带动作用。"当球队里最强的球员还在刻苦训练的时候，一切都会变得很简单。他每天都第一个出现在球场，最后一个离开。但我身上承担着很重要的压力，我常说，如果科比哪一天受伤了，我们就会立马变成一支平庸的球队。如果不是州冠军，我们肯定会失望。"

当然，科比越来越出色，最头疼的还是他的那些对手。"当时我们在南卡罗来纳州参加沙滩篮球经典赛，我记得当时的对手是来自俄亥俄州的中央天主教高中，他们队里有一个身高 2.13 米的典型美国式中锋，名叫贾森·科利尔。我们的第 1 场比赛就是和他们打。当时科利尔防住了科比的一次进攻，人群中开始爆发出惊叹声。之后我们马上叫了暂停，科比说：'把球传给我，我要在他的脖子上完成扣篮。'那时正处于我执教第 1 年的赛季初，我和球员们还处于相互了解的阶段，于是我认为这只不过是高中生在说大话。"

然而，回到球场，科比很快就压着比自己高半尺的科利尔完成了一次凶狠的大灌篮，他捏住了科利尔的屁股，还造成了对手犯规。**"我觉得，真正神奇的不在于他说了什么，而在于他一走上赛场马上就能将其兑现。"** 德鲁·唐纳回忆说。

科比的高中队友汤普·佩蒂特则说："当你在 NBA 扣篮大赛上看到科比那些精彩纷呈的表现，你只会想：'嗯，这些我们都已经见识过了。'"

当然，尽管已是球队头牌，但对于科比是不是一个合格的领袖，仍然有着很大的争议。

科比曾经承认过自己不是一个好队友，而几年前，他就曾有过这样的前科，因为在训练时，他曾经骂哭过自己的一位来自欧洲的队友。那是一次三对三的训练，因为在最后一次进攻中这名队友没有将球交给科比，最后导致球队输球。"我当时控球，而科比在一旁要球，大喊：'罗比、罗比，把球给我。'我当时脑子里面想的是，科比在那里是佯攻，吸引对方防守，而我的机会来了。我就做了一个假动作，然后上篮，结果球没有进，科比不干了。"作为当事人的罗比·斯瓦特兹回忆说。

劳尔·梅里恩高中的校队助教特里特也记得那天的科比："因为输掉那场训练赛，接下来的一个半小时，科比一直盯着那个孩子，就是一直盯着，目不转睛的那种，连休息喝水都盯着对方，我开车回家，碰到红绿灯的时候突然醒悟：'*这就是科比为何能变得伟大的原因。*'"

文斯·卡特

对胜利的渴望促使"黑曼巴"不断前进，但他在劳尔·梅里恩高中的第 2 个赛季，在争夺区冠军的决赛中输给了切斯特高中；到了第 3 个赛季，科比对胜利的渴望更加迫切，但比赛毕竟不是一个人能决定的，11 年级的时候他们依旧成了失败者。

当下在中国流传的无数篇鸡汤文无数次地说**"结果不重要，享受过程最重要"**，但在竞技体育中，这些都是近乎扯淡的言论。你们永远都会记得冠军，对于他们的对手，多年之后人们早已淡忘。而对于一个体育运动员来说谁都不想成为一名失败者，但成功的机会并不算多，因为冠军几乎从来就没有第 2 个。

那年，斯图尔特已经读 12 年级了，他知道自己将离开这里。"高中的时候，我和科比关系很好。赛后，我知道自己在高中的篮球生涯已经结束了，于是在更衣室里哭了起来。科比也哭了，但他还是走过来安慰我说：'看着吧，明年我们一定会赢的。'从他的表情上，我就知道，为了州冠军他会赌上一切。"

科比哭了，他不想成为一个失败者，但想要在高中迈过这道坎，他只有一次机会了。输球后，科比在更衣室中发表了简短有力的演讲，他向那些即将毕业的学长告别、再见。

对于剩下的人，科比说道："我们不能让这样的事情再度发生。"

格雷格·多纳仍然是那支篮球队中最懂科比的人，他知道"黑曼巴"的潜力还没有完全被挖掘出来。那年，文斯·卡特在腕关节和踝关节伤势的困扰下仍然带领马里兰高中拿下了佛罗里达州冠军。看到这些，多纳知道，科比缺的就是这样一个"对手"。

"这些事情，他肯定记得，他应该还记得我取笑他不如文斯的事情。"回忆当年发生的事情，多纳曾这样说道，"这些事情他都记着呢，他渴望成为最出色的球员，这么多年已过，科比和文斯的成就早就不在一个档次了。"

高中时期，卡特就如同超级球星一般存在，有传闻称，那时候，卡特在一场比赛中曾有过一次技惊四座的暴扣，而这一幕让当时场上剩余的 9 名队员全都看呆了，最后，裁判不得不跑过来提醒双方：比赛还没有结束呢。

直到现在，中国球迷圈中还流传着"东艾西科南麦北卡"的传说。科比当然不会忘了这件事情，甚至进入 NBA 后他也时时刻刻记着这句话。"因为教练的这句话，所以我每次面对文斯·卡特的时候都会倍加努力。"

而当卡特知道这件事情的时候，只是笑笑，他还真的不清楚自己无形中和科比"结下梁子"了。"如果任何一个消息能促使他变得更好，他就一定会这样去利用的，对此，我真的一点儿也不惊讶。"

科比·布莱恩特和文斯·卡特，一前一后进入 NBA，都曾被誉为"乔丹的接班人"，一个后仰美如画，一个刚猛霸道大开大合。2015-2016 赛季，已是科比的告别赛季，他还在球场上碰到了比自己大 1 岁的文斯·卡特，相濡以沫，不如相忘于江湖。

承诺的冠军

科比是一个言出必行的人，为了兑现自己在 11 年级时失利后所说的话，他非常拼。训练中，鼻子被打出了血，右手用毛巾掩着鼻子，仍然和队友要球，坚持在中场附近用左手投进了三分球。

想要成功就必须能忍受孤独，科比明白这一点，所以他没日没夜地待在训练馆里，并且，总是只有他一个人。"他有几个亲密的朋友，对人也非常友好。但我记得，他很少参加我们的派对，大部分时间他都是一个孤独者，我这不是说科比的坏话，当我们很多人喝着啤酒唱着歌的时候，他正在费城 76 人队训练呢。"科比的高中队友汤普·佩蒂特说道。

因为身材矮小，佩蒂特在 10 年级的时候就落选了校队，最后以球队经理的身份留了下来。他如同科比的小跟班，当"黑曼巴"独自训练的时候，他会去扮演球童的角色；当"黑曼巴"接受采访的时候，他会帮科比背着包。佩蒂特如同科比的经纪人一般，对他十分了解。而至于科比和 76 人队训练的故事，我们稍后再说。

"对我来说，篮球是一天几小时的事情，对于他来说，那就是一份全职工作。他以前常说的一句话就是：'即便你如我一般努力训练，你也做不到我现在做的事情，因为我愿意牺牲所有的事情来训练。'你可以想象，在我们那个年纪大部分孩子还在担心当晚谁去支付啤酒钱，他却开始训练了。"斯瓦特兹说。

正所谓"天道酬勤""勤能补拙"，况且科比并不拙。11 年级的时候，科比场均已经可以拿下 31.1 分、10.4 个篮板、5.2 次助攻，他拿到了宾夕法尼亚州的年度最佳球员；1995-1996 赛季逐渐临近，越来越多的人、越来越多的媒体开始关注这位天之骄子。

刚开始的时候，比赛场地的观众开始逐渐增多，一些懂篮球的人自然不愿错过这样的场面；之后，当地的新闻媒体也闻讯而来；再后来，国家级的新闻媒体也来了。如果你们往回看，那年的科比就如同在拍摄真人秀一般。那是一个没有 Facebook、没有 IG、没有 Twitter，也没有 Youtube 的年代，但科比却享受了巨星般的礼遇，*ESPN* 甚至为他播放了一段集锦；到了 12 月份，关注科比·布莱恩特的媒体达到了顶峰，有消息称，他正考虑从高中直接进入 NBA；到了季后赛，和科比在一起的这种日子，就如同伴随披头士乐队出行一般。

　　"以前的训练结束之后，我经常会请求他指导我在篮下投几个球，我们俩会一起站在篮下，一个球一个球地投。后来他出名了，训练一结束就要为小球迷们签名，这时候我就成了给他拎包的人。他只比我大三岁，但我们之间的差距可不是只有三年。"佩蒂特继续说。

　　虽然越来越多的人开始关注科比，但科比最为关注的还是州冠军。德鲁·唐纳曾经亲手将杜克大学和肯塔基大学的快递包裹交给了科比，但又一次我甚至不知道他是否会将包裹打开。"伙计，这可是杜克大学啊！但看上去，这似乎已经是他最近收到的第 17 个包裹了。"包裹里当然是世界名牌大学的录取通知书，而且是全额奖学金。

　　科比将所有的经历都投入了高中赛场，那个赛季，他场均可以贡献 30.8 分、12 个篮板、6.5 次助攻、4.0 次抢断，在他的带领下，劳尔·梅里恩高中取得了 31 胜 3 负的战绩，包括一波直到赛季结束的 27 连胜。其中，在对阵马普尔·牛顿学院的比赛中科比全场拿下了 50 分。

　　想要拿到州冠军并没有那么容易，在此期间，科比经常会受到对方的重点照顾，球星与球星之间的对决，也是科比经常需要面临的问题。那时候，科茨维尔高中有理查德·汉密尔顿，就是在 2003—2004 赛季总决赛中打惨"F4""靠肩膀以上部位打球"的理查德·汉密尔顿，在场上，二人互不相让，连续飙分，让人很难相信那是一场高中联赛。和斯克兰顿高中的比赛，劳尔·梅里恩高中几乎是绝杀了对手，但在比赛结束后，斯克兰顿高中的球员们仍然围住了科比，和他握手，让他签名。

　　半决赛马上就要开打，劳尔·梅里恩高中又遇到了死敌切斯特高中，但距离比赛没有几天时间了，科比却在一次训练中弄伤了鼻子。没办法，劳尔·梅里恩高中花两天时间做出了一款面部护具，并将保密工作做得密不透风。但在比赛头一天，科比决定：算了，不戴那面具。**一直打到了加时赛，科比突破封锁，闯入禁区，完成了一记漂亮的扣篮，还造成了对手的犯规，这是一场让人难以置信的比赛。**就这样，劳尔·梅里恩高中以 77∶69 战胜切斯特高中，科比完成了复仇。而在决赛中，科比的球队又以 48∶43 战胜了卡特卓尔中学。

劳尔·梅里恩高中 77：69 切斯特高中

劳尔·梅里恩高中 48：43 卡特卓尔中学

在高中的最后一个赛季，科比兑现了自己的诺言，为劳尔·梅里恩高中带来了一座州冠军奖杯。科比即将告别自己的高中生活，州冠军，无疑是一个最好的结局。

在高中的最后三年，科比带领球队取得了 77 胜 13 负的战绩，并以 2883 分的成绩超越威尔特·张伯伦，创造了宾夕法尼亚州东南区的高中篮球最高得分纪录。科比·布莱恩特、勒布朗·詹姆斯、摩西·马龙、德怀特·霍华德，联盟中从高中直接进入 NBA 的球员并不算少，但无须争论他们之中谁更强、谁是历史上的第一高中生，毕竟，能从这个年纪走到 NBA 然后打出一番天地，他们都经历了很多难以想象的艰辛，他们都证明自己配得上"伟大"二字。

杰里·斯塔克豪斯

少年"黑曼巴"率领劳尔·梅里恩高中拿下了州冠军，这是费城 50 年来的第一个州冠军，一时间，科比成了费城人的骄傲，成了这里的超级英雄。据说，当时很多费城的中学生最渴望的就是得到科比·布莱恩特的签名以及有他比赛的球票。而到了赛季末，劳尔·梅里恩高中的主场球票已经高达 100 美元 / 张，为了防止骚乱的产生，费城警察都来了。

科比所做的，一切都被费城 76 人队看在眼里。1994–1995 赛季、1996–1997 赛季的费城 76 人队主帅约翰·卢卡斯也是劳尔·梅里恩高中毕业的，对于学弟，自然要格外厚爱与关照，最终，科比以及他的一位名叫戴比利的队友获得了机会，他们可以和费城 76 人队的队员们一起训练。不过，NBA 的那些职业球员可不太搭理科比，尽管科比带领他的球队拿下了州冠军，但说到底他才只有 17 岁，他还是一个毛头小子。

一天，科比来到了费城 76 人队的训练馆，就像以往，他总是去得那么早，76 人队的训练还没有开始，他先是练习了一会儿跳投，然后开始了扣篮。从空中 360°大转体到战斧式劈扣，科比将自己的全部情绪都发泄在了篮筐上。

而科比不知道的是，自己并不是篮球场上唯一的存在——当时的 76 人队当红球星杰里·斯塔克豪斯也在一旁。斯塔克豪斯出生于美国的北卡罗来纳州金斯顿市，毕业于北卡罗来纳大学，在 1995 年以第 3 顺位被 76 人队选中，新秀年入选了最佳新秀阵容第一队。一个日后渐渐被大家遗忘的事实则是，斯塔克豪斯的起步相当高调，新秀赛季出战 72 场，71 场首发，每场 37.5 分钟，贡献 19.2 分、3.7 个篮板、3.9 次助攻、1.1 次抢断、1.1 个盖帽，标准的球队基石。

这天，机缘巧合，斯塔克豪斯进入了训练馆，但没料到会碰上科比这样一个毛头小子，无事可做，又是机缘巧合，他心生一个念头：为何不跟这个傻小子练练，权当是热热身吧？殊不知科比喜欢战斗，欣然答应了这一要求。

一对一的斗牛正式开始，最开始的时候杰里·斯塔克豪斯还占据优势，毕竟他已经是职业球员，而且他的力量、年龄、经验等方面都占据优势，但打着打着，他就感觉有些不对劲儿了：这个傻小子速度飞快，如同闪电一般，想要防住他根本就是不可能的事情。而且随着回合数的增加，科比逐渐适应了斯塔克豪斯的进攻，总是可以提前一步判断出斯塔克豪斯的意图，出现在正确的防守路线上。

二人之间大战 13 回合，最终，科比以 8：5 胜出，当二人大汗淋漓结束较量的时候，球场四周响起了掌声——队友们都来了，他们见证了科比·布莱恩特打败杰里·斯塔克豪斯。

要知道，一个星期前，斯塔克豪斯在同芝加哥公牛队的比赛中，在迈克尔·乔丹面前拿下了 34 分，可现在他却输给了一个毛头小子。

莫里斯·奇克斯这位 76 人队历史上的名宿，当过底特律活塞队的主教练，也当过 76 人队的助理教练，对于科比和斯塔克豪斯之间的单挑故事记忆犹新。"当时，科比和杰里对位，我依稀记得他打得很好，当时我真的没有想到他能够取得今天这样的成就，虽然他已经足够优秀了。科比的斗志非常旺盛，当时他作为高中生来和职业球员较量，而在这种级别的对位中，他依旧可以占据上风。我不知道当时他和杰里谁更强一些，但十分清楚的是，他已经适应了这种强度的竞争了。"

当时费城 76 人队的另外一位助教罗恩·亚当斯也表示："他已经比我们球队中的任何球员都要好了。"

但科比自己并没有对别人提过自己曾经战胜过杰里·斯塔克豪斯——而这，本该是一个足以炫耀许久的谈资。但即便别人说起来，科比都会解释说，是杰里·斯塔克豪斯大意了。

对于这场较量，杰里·斯塔克豪斯却似乎有些耿耿于怀。"杰里·斯塔克豪斯是一个非常有斗志的人，他非常不喜欢科比一次又一次地挑战他，二人斗得不可开交，科比的风头隐隐地盖过了杰里。因为斗得太激烈，二人有一天甚至发生了冲突。"戴比利回忆说。

似乎正是这场较量改变了他们俩的人生：在队友面前出丑，输给一个17岁的小孩，杰里·斯塔克豪斯颜面无存。而当1996年6月26日与科比·布莱恩特同届的头号新秀阿伦·艾弗森来到费城后，斯塔克豪斯更觉得费城已经没有了自己的位置，于是他转投底特律活塞队，开始了流浪生涯，尽管他防守强硬，球风无私，并且于2000-2001赛季以场均29.8分在全联盟的得分榜排第二，但终其职业生涯从来没能成为一支球队的老大，2005-2006赛季和2010-2011赛季分别代表达拉斯独行侠队和迈阿密热火队杀进总决赛都未能夺冠，倒是他离开后两支球队都实现了总冠军梦想。

从这场胜利中，科比也看到了自己和 NBA 之间的距离，于是他决定不去打 NCAA，直接进入 NBA。

MAMBA
FOREVER

载入史册的决定

"在和 76 人队一起训练结束后，科比告诉我，他准备直接进入 NBA。对此我们曾有过争论，科比认为，如果进入大学，很多其他的事情将会干扰到他的训练和比赛。**他喜欢 NBA，喜欢那种盛大而公开的比赛，认为只有那里才能让自己真正地成长起来。** 在我看来，和 76 人队一起训练的那段日子在他心中埋下了火种，他感觉自己已经准备好进入 NBA 了。"埃莫里·达布尼说道。

教练德鲁·唐纳并不希望科比做如此的选择，毕竟科比当时只有 17 岁。"当时我希望他能去大学先读个一两年，因为 17 岁就进入联盟实在是太少见了。我只是希望他能够安然地度过一切，觉得一到两年的身体训练会对他有帮助。然而，没有人明白他心中燃烧的火苗，没有人比他更明白自己想要什么。"

科比·布莱恩特已经做出了决定：不打 NCAA，直接进入 NBA。

那是一个星期一的下午，14 时 25 分，劳尔·梅里恩高中的放学铃响了之后，学校体育馆里面人头攒动，男孩们背着书包冲向了露天看台，女孩们则盘腿坐在地板上，拿着充气棒。

老师们站在球场的两边，而学校的体育部主任则穿着自己最好的衣服、戴着自己最好的领带，在检查话筒。场边，学校的校报像往常一样准备进行报道，除了他们之外，*ESPN* 以及向来高傲的《华盛顿邮报》的记者们也在一旁。

球场的看台上，人们在做着各种各样的猜测：科比的高中生涯即将结束，未来他会做什么？加入拉萨利大学？他的父亲在那里当助教。

是密歇根大学还是传闻中的杜克大学？

"大家好，我是科比·布莱恩特。"科比罕见地穿着一身帅气西装站在讲台上，"经过长时间考虑以及听了许多人的意见后，我决定将自己的天赋……"科比刻意停顿了一下，低着头，微微一笑，仿佛他还没有下定决心。几秒钟后，科比继续说道："是的，我已经决定，我将会跳过大学这一环，将我的天赋直接带入 NBA。"

体育馆中响起了疯狂的欢呼声，球迷们为之疯狂，他们即将拥有一位在 NBA 打球的校友。而科比也十分高兴，他和每一个人伸手庆祝，满足每一个人的签名要求，并且优雅地回答媒体提出的问题。在记者眼中，科比只是一个毛头小子，只是宣布将会进军职业篮坛，但科比身上的那种成熟，让人们觉得他不像是一个 17 岁的高中生。

"我需要十分努力才能在 NBA 立足，我也知道这是一次巨大的飞跃。这是一生都难遇到的机会，我还年轻，我应该抓住这样的机会。能不能登上巅峰我不知道，但我会努力去做，即便因此掉下深渊，我也认了，因为这是我自己的决定。"

在新闻发布会上，科比的身后还出现了一群特别的嘉宾，他们是非常著名的流行乐团 Boyz II Men，两年前，他们就已经是科比·布莱恩特的忠实球迷了。今天，当科比宣布要进军 NBA，他们专程从洛杉矶赶过来，站台演奏了一首歌，算是为科比助威。"一个城市英雄即将诞生，我们有理由相信他会比芝加哥的迈克尔·乔丹更为出色。"费城当地的《观察家报》曾这样写道。只是他们还没有搞明白：科比·布莱恩特是否会属于费城？

风波迭起

科比曾经扪心自问过：如果当初没有进入 NBA 而在大学再打一两年的 NCAA，会是一个什么样的结果？生涯初期，尤其是打替补的那两个赛季，走在加州大学洛杉矶分校的校园，科比曾这样问过自己。那是他最低迷、最失意的时刻之一，但如今回过头去看，估计科比也会傻傻地取笑那个留着爆炸头的自己。

科比跳过大学、直接进入 NBA 的决定引发了很大的骚动，凯尔特人队副总裁琼·詹宁斯随即在美国的权威体育杂志《体育画报》上指出："科比不上大学绝对是个错误。1995 年的新秀凯文·加内特是摩西·马龙以来最好的高中生，但如果凯文去了大学，那么他在 NBA 的职业生涯会更成功。而科比，他还没有办法和凯文相提并论。"

更为刺耳的声音指向了"黑曼巴"的父母，外界认为是他们在影响自己的儿子，是他们想让科比早日去打职业篮球比赛，去赚钱，甚至有许多人嘲讽科比，说什么赚钱是他唯一的梦想。人们用这样一种恶意去攻击一个 17 岁的孩子。迫不得已，科比的父母向外界公布了自己的家庭收入——乔·布莱恩特用这种方法告诉外界，他们家已经很有钱了，不需要靠儿子打职业篮球比赛赚钱。

对于外界的批评，多纳教练也为科比感到愤愤不平。"这些批评者中，看过科比打球或者说了解科比的有几个？*这是一个百年难遇的篮球天才，他愿意为了篮球奉献自己的一切。科比属于那种早熟的年轻人，他现在 17 岁，成绩优秀、心理成熟，这时进入高水平的篮球联赛，是他实现梦想的最好机会。*"

科比当然不是没有机会进入大学，甚至拥有非常好的机会。即将到来的搭档"大鲨鱼"说过，科比是他当时认识的 NBA 球星中唯一能在 SAT 考试中拿到 1420 分以上的人，从这个分数可以看出，高中时期科比的学术成绩还是很不错的，因为 SAT 在 2005 年改革之前总分也只有 1600 分。

也就是说，即便不以体育特长生的身份，科比同样足以进入一所优秀的大学。这与日后的另一队友林书豪是极为相似的。

作为美国传统篮球名校，人称"老 K"的杜克大学蓝魔队主帅，亦即曾经的美国男篮主帅迈克·沙舍夫斯基，就曾希望科比能加盟他的球队，但科比最终决定直接进入 NBA，所以，这样的愿望并没有发生。那科比是否后悔呢？可能有那么一点点吧，因为大部分的 NBA 球员都有过读大学的美妙经历，都经历过 NCAA 的"疯狂 3 月"——在美国，可能这才是受关注度最高的篮球赛事，NCAA 总决赛的收视率甚至会超过 NBA 总决赛。

"每次打开电视，看到杜克主场卡梅隆球馆，看到'老 K'教练，我就想，也许我会很乐意去给杜克打球。"日后成名的科比也曾说。

当然，也有另外一种说法：如果进入大学，科比可能更热衷于加盟北卡罗来纳大学，因为那里是迈克尔·乔丹战斗过的地方，那里有文斯·卡特，科比加盟之后可以同日后的"UFO"并肩作战，而且，在那里他们俩平时也可以继续单挑。

可能科比当初并没有想到的是：一整个职业生涯中，因为没有上过大学会使他备受争议。

当科比犯错的时候，人们会说，这是一个没有上过大学的球员，他的身上有过很多的不成熟。而当科比职业生涯即将结束的时候，以大嘴著称的查尔斯·巴克利却调侃说："科比退役后会很难适应的，要知道科比甚至连大学文凭都没有，他只能去出席一些商业活动。"

正如之前所说，科比可能后悔没有体验到大学生活，但他一定不会后悔从高中直接跳入 NBA 的决定。"我认为读不读大学不重要，有很多球员即便在大学中待了四年还是没有做好进入 NBA 的准备。而另一些高中球员，跳过大学进入 NBA 的时候已经整装待发了。成功与否取决于自己的教练，取决于自己的内心动力。但最终还是取决于教练，假如大学四年的导师很差，对一个 17 岁的孩子来说，那绝对是最为糟糕的事情。"

花有百样红，人与人不同，人生就是由无数个巧合而组成的，或许进入大学后科比·布莱恩特会有一段更为完整的人生，但或许他也就不会加入"紫金王朝"并如现在这般备受敬仰。

MAMBA FOREVER

商业头脑

科比不一定是 NBA 历史上最好的球员，但他一定是 NBA 中最有商业头脑的球员。 在他退役的时候有人说离开 NBA 后科比就算是废了，这种失落感、空虚感会让科比很不适应。但可能很多人不知道，科比的商业帝国雏形已现，代言合同这种常规的就不多说了，我想特别提及的是，早在 2014 年 3 月，他就**成立了自己的公司——"科比公司"**，除了商业活动，也会寻找投资机会，而第一个投资项目便是一家运动饮料新贵，他以几百万美元的投入成为这家公司的第三大股东。而他也**将"黑曼巴"注册成商标，应用于体育品牌。**

鲜为人知的事情还有，即便是科比·布莱恩特发表退役声明的网站《球员论坛》也有科比的投资。

几乎每年你都可以在"福布斯球员吸金榜"上看到"科比·布莱恩特"的名字。大家都津津乐道于"魔术师""飞人""大梦"的商业传奇，但"黑曼巴"并不输给这三位巨星，甚至在起步阶段便已有超越前辈之势。

而这一切，都要从 1996 年夏天的起步说起。

在他宣布参加 NBA 选秀还不到两个星期，世界著名运动品牌阿迪达斯便找到了科比·布莱恩特，**他们决定和科比签下一份价值 1000 万美元的广告合同。** 在当时，这份合同的具体金额并没有公之于众，科比之所以如此，就是不想自己在进入 NBA 之前就成为众多媒体的目标。

有人说，这也是科比选择直接进入 NBA、放弃大学的原因之一。还有小道消息说，科比当时的几个赞助商都希望他能够到更大的平台上，而第 1 次见到这么多钱，科比也很难不为之心动。当然，NCAA 的平台也不小，进入"疯狂三月"之后这些大学球员会引来全美的关注。以 2013-2014 赛季为例，NCAA 的总收入高达 9.89 亿美元，但和 NBA

不同，这里的球员全是学生，没有一分钱的工资。

不过，虽然阿迪达斯也是大公司，但在篮球运动鞋方面，耐克当时在美国占据着霸主地位，科比为什么会选择阿迪达斯而放弃耐克呢？

科比事后的解释是，他不想和别人一样，即便这个"别人"是迈克尔·乔丹。而阿迪达斯不同，当时正在进军美国市场，和科比进军NBA一样，都在开拓一个全新的领域，***"与一个巅峰品牌签约，那证明不了你的价值"***。

签约后，阿迪达斯公司专门为科比设计了球鞋并以他作为形象广告的首选人物。之后不久，科比又选择菲利普·莫里斯作为自己的经纪公司，这是一家当时主要经营娱乐项目的公司。该公司总裁哈恩·特勒姆想进入NBA的市场，于是他们选中了科比，科比也相信特勒姆，两个不同领域的"新人"，都希望在NBA打出一番天地。再加上阿迪达斯，可谓"三个新人一台戏"。

没过多久，科比就在特勒姆的陪同下开始了他的自我推销旅程，由于没有参加过大学比赛，没有在全国性媒体面前展示过自己，科比需要一站一站地去推销自己，要和NBA的29位老板、经理去接触。

情迷布兰迪

　　而在此时，科比·布莱恩特的高中生活还没有完全结束，还有最后一件事情等着他去做：毕业舞会。

　　当四年的高中学业全部结束，辛苦而又快乐的高中生涯即将一去不复返，对于每一个美国高中生来说，毕业舞会都将是一个让人难忘的经历。相关的故事，许许多多的好莱坞作品已经演绎过了，但就科比而言，却是电视剧无法演绎的：此时的他已经是劳尔·梅里恩高中的风云人物，这样的场合，"黑曼巴"绝对需要一个配得上自己的女伴，这样才足以让他惊艳全场。而这次科比又做到了，如同他在球场上技压全场一样，科比带来了布兰迪·诺伍德。

　　布兰迪·诺伍德是美国著名的 R&B 歌手，同时也是多栖明星，不过现在人们谈起布兰迪的时候，总是会提起一个称号：科比的前女友。

　　布兰迪回忆说，她和科比的情缘开始于高中时期。那时候的他仅有 17 岁，布兰迪才 16 岁，但她十几岁成名就参加了少年乐队，后来出演了 ABC 一部电视剧，1994 年发行自己的同名 LP 唱碟，1995 年主唱喜剧电影《待到梦醒时分》的主题曲《Sittin' Up in My Room》。就在此时，与科比相遇的时候，科比是这样介绍自己的："我是最强的高中生篮球运动员，科比·布莱恩特。"这与科比第一次与迈克尔·乔丹见面的情形何其相似！尽管布兰迪并不知道科比是谁——事实上，在篮球的世界中，当时的她只知道迈克尔·乔丹——不过这并没有影响两人坠入爱河。

　　布兰迪陪着科比参加了高中毕业舞会，能带着这样一位明星级女友，着实让在场的其他人羡慕不已。尽管布兰迪当时穿的衣服已经不在，但她却一直保存着当天舞会佩戴的胸花。

　　在很多人眼中，科比和布兰迪可谓郎才女貌，两人本应该有一段更美好的恋情，不过在和科比交往的过程中，布兰迪曾收到两三个科比的爱慕者发来的"死亡威胁"，这让她不堪其扰。与此同时，科比即将从高中生跳入 NBA 联盟，也让这段恋情告终了。

虽然最终没能走到一起，但对这段懵懂的恋情，布兰迪似乎有些刻骨铭心的感觉。

The boy is mine——为了科比，布兰迪曾创作了这样一首歌，也是凭借这首歌曲，布兰迪获得了 1999 年的格莱美奖提名。

布兰迪的存在让科比难以割舍，甚至一度影响到了他和瓦妮莎之间的婚姻，尽管之前"黑曼巴"总说两人只是朋友。但讽刺的是，和科比分手后，布兰迪嫁给了"大 Q"昆汀·理查德森，两人的婚姻仅仅维系了 15 个月就宣布劳燕分飞。更离谱的是，有消息称，布兰迪的婚姻破裂还和勒布朗·詹姆斯有关。

显然，科比记住了这个抢了他心爱的女人的球员——昆汀·理查德森：**整个职业生涯，科比·布莱恩特和昆汀·理查德森共交手 28 次，科比场均出战 40.2 分钟，每场平均拿下 30.1 分、6.4 个篮板、6.2 次助攻，投篮命中率为 46.9%，三分命中率为 39.2%，都远远高于职业生涯；而后者在与科比·布莱恩特的对位中场均只能拿下 10.4 分，投篮命中率也只有 38.0%。** 科比每当遇到文斯·卡特都来劲儿，而昆汀·理查德森，他似乎也没有放过。

在很多人的眼中，布兰迪都被视为科比的初恋女友，但后来人们发现，在布兰迪之前科比还有一个真正的初恋，名叫乔瑟琳·埃布伦。

1995 年，一个周六的夜晚，科比邀请乔瑟琳到自己的家中做客，但这时候的科比整天沉浸在自己的篮球世界中，乔瑟琳虽然备感无聊，但她也愿意这样陪着科比。

科比的父母非常喜欢乔瑟琳，甚至觉得未来他们注定会是一家人，乔瑟琳对于科比也算得上是百依百顺，但两人并未走到一起。"现在回过头看，他对我真的非常非常自私。"如今的乔瑟琳·埃布伦已经成了一名从事社会公益事业的职员。乔瑟琳回忆说，科比是一个完全以自我为中心的人，除了穿衣服，科比每天早上起床之后什么都不会去做，母亲会周到地为他端上早餐，然后用慈爱的眼光看着科比吃下去。

有人说，在那么多女人中或许乔瑟琳才是最爱"黑曼巴"的那一个——那时候的科比还没有成名，谁也不知道他的未来会发生什么。但也有人说，离开科比对于乔瑟琳或许是好事，因为随着年龄的增长，科比似乎更加放纵了。

科比曾给美国网球明星维纳斯·威廉姆斯送花，就在她第 1 次拿下大满贯的时候，但"大威"对他并没有什么好感。也有一位明星曾私下透露称："和科比在一起的时候，他就如同一个孩子一般兴高采烈，我让他做什么他就会做什么。但我知道，我并不喜欢他，他也明白这一点。"

整个职业生涯，科比对待篮球的态度没得说，但私生活却差点儿毁了他。

MAMBA FOREVER

第四章

回眸
1996

有超强的天赋，但没有大学篮球的经历，使得科比的选秀顺位并不高，这也必然性地造就了选秀日的一段段恩怨，阴谋与阳谋。回头看，每支球队都做出了最明智的选择，都没有做错什么。只能说：选秀，只是科比闯荡NBA的第一步。

浅谈选秀

　　"没有什么能比得上选秀了，那是一切开始的地方。" 2015 年 11 月 29 日，就是科比·布莱恩特在《球员论坛》宣布退役的那天，他在媒体面前这样说道。那一天距离他进入联盟已经走过了 19 个赛季。

　　和其他打过大学联赛的球员一样，1996 年夏天，科比也需要接受试训，需要在各个城市间辗转，为的就是得到一个比较高的顺位，或者是加盟自己理想的球队。

　　很多人都认为，NBA 试训很简单，就是前往某支球队，跑跑跳跳，搞些身体素质测验、投投篮之类的事情。但事实上，其中却包含着多方面的博弈。

　　2007 年 6 月 28 日的选秀大会前，为了加盟心中理想的球队，在经纪人的安排下，易建联拒绝了密尔沃基雄鹿队的试训要求，甚至奥兰多魔术队的体检易建联都不去参加，在当时，这种做法引起了一片争议，而易建联的 NBA 之路是否与这件事相关就不得而知了。

　　在 2010 年 6 月 24 日的选秀大会前，德马库斯·考辛斯天赋出众，但其心智实在是个大问题，很多球队都避之不及，不过，萨克拉门托国王队在看了他的试训后彻底被征服，他们决定冒险。

　　对于选秀顺位，球队的选择是一方面的内容，另一方面，球员自身的态度也十分重要。

　　2015 年 6 月 25 日的选秀大会由腾讯体育直播，我陪同张卫平指导在布鲁克林现场采访，长年驻守洛杉矶，"紫金军团"自然是我的重点，结果 NBA 历史上首位扣篮王拉里·南斯的儿子小拉里·南斯在第 27 顺位才被洛杉矶湖人队选中，这在当时并没有什么争议，甚至也不太会有人关注。但在小拉里·南斯的"菜鸟赛季"，亦即 2015-2016 赛季，他拼抢积极，并且一定的中距离攻击能力、硬朗作风让他赢得了 22 场比赛的首发位置，以我对整个赛季的现场观察与采访而言，我并不认为他未来会成为巨星，但在美国，已经有很多人惊呼：这不该是一个乐透区球员吗？

这样的惊呼并非"事后诸葛"，事实上，小拉里·南斯之所以没有成为乐透秀是有原因的：2015 年夏天，他基本只顾着玩了，试训什么的早就抛到九霄云外，所以在之后的试训中他状态并不好。如今对于这件事，他十分懊悔，因为对于"菜鸟球员"来说选秀顺位是直接和他们新秀合同的薪酬挂钩的，而这份新秀合同可能会是某些职业球员一生中的最大一份合同，最极端的例子莫过于曾经先与姚明争夺 2002 年头号新秀、后与阿马尔·斯塔德迈尔争夺 2002–2003 赛季最佳新秀的贾·威廉姆斯。

以 2015 届的新秀薪资为例，头号新秀的卡尔·唐斯"菜鸟赛季"可以从明尼苏达森林狼队挣到 570 万美元；而排次席的丹吉洛·拉塞尔只能从洛杉矶湖人队挣到 510 万美元，差距已是不小；虽然是同届新秀，小拉里·南斯的薪资只有 116 万美元。谁也不会喜欢这样的落差，可这就是 NBA。

当年的科比·布莱恩特也是一样的，他希望能得到一个较高的选秀顺位，这不仅是为了钱，更因为选秀顺位越高才越能证明自身的价值。为了这个目标，试训之前的体测自然是躲不掉的。不过因为父母遗传的基因再加上刻苦训练，这样的事情肯定难不倒科比。

重新翻阅 1996 届新秀的体训资料，显示科比当时的臂展实际长达 210.5 厘米——一个非常优秀的数值。而他的其他体测数据同样不甘人后：17 岁的科比裸足身高 1.96 米，体重 90.8 千克，垂直弹跳 98 厘米——毕竟是拿过扣篮大赛冠军的男人，"黑曼巴"能有今天的成就离不开他那出色的天赋。

想要知道科比的天赋究竟有多出众，再翻翻 1984 年刚进联盟时的迈克尔·乔丹的体测数据你就会知道：当年，乔丹刚进联盟的时候身高 1.94 米，臂展 2.12 米，垂直弹跳高度为 96 厘米。当然，年代久远，一些数据现在也是众说纷纭，但二人的体测数据较为接近确实是真实的。对于一个高中生球员来说，**出色的身体素质意味着发展潜力，年轻就是资本**，说的就是这个道理。

体测结束，试训就要逐渐展开。当然，NBA 各队除了关注那些"小鲜肉"，首先要关注的是选秀顺位的问题。现在我们已经知道，1996 年，费城 76 人队拿到了头号签，多伦多猛龙队第二，温哥华灰熊队（注：现在的孟菲斯灰熊队）第三……

但对于科比来说，选秀大会只是开始，只是其职业生涯的一个新开始，也只是和联盟的一些球队结仇的开始……

费城 76 人队、温哥华灰熊队、密尔沃基雄鹿队、明尼苏达森林狼队、波士顿凯尔特人队、洛杉矶快船队、新泽西篮网队、达拉斯独行侠队、金州勇士队、夏洛特黄蜂队、萨克拉门托国王队，在讲接下来的故事之前，我们不妨先梳理一下仅仅是 1996 年的选秀大会就已经和科比·布莱恩特结下恩怨的球队。

MAMBA FOREVER

费城76人队

"最爱你的人是我，你怎么舍得我难过，对你付出了那么多，你却没有感动过……"费城这个名字来源于希腊语，是"兄弟之爱"的意思，但从踏入NBA的第1分钟开始，"黑曼巴"和这座城市之间就不再有爱了。

1996年6月26日的选秀大会，对于费城人来说是一个幸福的烦恼：他们拥有着1号签——事后也证明，这是NBA选秀史上的"黄金时代"，如此之多的优质新秀，他们可以随意挑选。但费城人也很困惑，因为那一年有天赋的球员实在太多，他们不知道谁才是最好的选择。

前面说过，费城76人队并不是没有考虑过科比，试训前，他就曾经打爆了已经在NBA打出了一些名堂的杰里·斯塔克豪斯，而此人在1995-1996赛季就以新秀的身份成为76人队的得分王。当时，科比毕竟只是一名高中生球员，人们不断质疑他的天赋，质疑他的对抗强度，质疑他的心智，质疑他能否适应NBA的对抗；另一方面，1996年要进入联盟的优秀球员实在是太多了。

没人愿意轻易将赌注放在一名高中生球员的身上，尤其是对于费城76人队来说。别看萨姆·辛基入驻费城后这支球队似乎在猛刷选秀权，战绩什么的可谓全然不顾，但如果纵观整个NBA历史，费城也能算得上一方豪门。再加上那时候的高中生球员可谓凤毛麟角，尽管众人看好的凯文·加内特职业生涯首年也只送出了10.4分、6.3个篮板、1.1次助攻、1.6个盖帽的数据。头号秀选科比？对于76人队来说确实很冒险。而且全联盟谁都不会干这等蠢事，尽管现在勒布朗·詹姆斯正以头号新秀的身份书写传奇。

经过深思熟虑，费城决定选择阿伦·艾弗森——人称"答案"。他的选秀资料是身高1.83米，体重75千克，但在大学时期，艾弗森却能在以盛产中锋的NCAA篮球名校——乔治城大学风生水起，虽然身高无法改变，但顽强的斗志，出色的运球技术，超强的弹跳、速度、爆发力以及心理素质都十分吸引人。直到如今，很多人仍迷恋那个76人队时期的阿伦·艾弗森——那时候，他的球风极具观赏性，很容易就可以带动球市。

当然，对于NBA的各支球队来讲，天赋再高也得看球队需要不需要。例如2002年的选秀大会，休斯敦火箭队因为缺乏中锋才选择了姚明，若是其他球队拿下头号签，姚明就不见得是头号了。而在1996年的夏天，76人队有了杰里·斯塔克豪斯和人称"疯狂的马克斯"的双能卫维隆·马克斯维尔，外线所缺的是一名组织后卫而不是得分后卫，所以，他们决定在史蒂芬·马布里和阿伦·艾弗森之间做出选择。顺便说一句，今天看艾弗森和马布里，二人的区别很大，但在还未进联盟的时候他们却不相伯仲——这时候，就显示出制服组尤其是球探组的重要性了。

事实证明，76人队的决策并没有错，即便如今科比·布莱恩特的成就要远高于阿伦·艾弗森，但在那时候，"答案"就是最好的选择：职业生涯的处子赛季，"答案"在处子秀上就拿到了30分；1997年4月12日，在76人队对阵克利夫兰骑士队的比赛中他全场砍下50分、5个篮板、6次助攻，赛季场均则高达23.5分、4.2个篮板、7.5次助攻，毫无悬念地斩获最佳新秀、最佳新秀阵容第一队以及全明星赛新秀赛MVP等荣誉。反观科比，一直挨到职业生涯的第3个赛季场均得分才达到19.9。如果能去某所大学待两年，"黑曼巴"有可能会成为头号新秀，但在1996年的夏天，费城注定会选择阿伦·艾弗森。

科比估计也能明白费城为何没有选择他，但对于此事他始终有些怨恨，难以释怀。在科比看来，他才是真正的"费城之子"——他在这里出生，在这里长大，在这里带领劳尔·梅里恩高中拿下了州冠军，在这里他成了费城人的骄傲，不管费城是第几顺位，反正没有选择他，科比认为就是他们的错。

"1996年的选秀大会76人队没有用头号签选择我，我感到很失望，即便是到了现在我依然这样想。"2015 年 2 月 2 日，因伤宣布赛季提前报销的"黑曼巴"在接受《华盛顿邮报》采访时依然心有不甘，尽管时间已经过去了将近 19 年，科比还记着。科比尊重 76 人队当初的选择，但与此同时，76 人队当初的冷落也让科比倍加努力。"当时我也很有竞争力，不是吗？在他们眼中，当时的阿伦·艾弗森要比我更出色，所以这件事情一直激励着我前行。我读高中的时候就一直梦想着为 76 人队效力，但他们选择了阿伦。"科比和费城的关系，有点类似于他和他的父母之间的关系，二者之间还神奇同步。

进入 NBA 之前，科比在费城是一个英雄人物，他和他的父母之间也一直保持着一种十分和谐的关系。

自从科比没有被费城选中，科比就选择和费城分道扬镳，他和他的父母之间的关系也开始急转直下，渐渐疏远。

到了 2000–2001 赛季总决赛的时候，科比和费城彻底决裂，"我要割掉他们的心"——费城人可能还不知道，自从他们决定选择阿伦·艾弗森的那一刻起，科比就已经决定和这座城市说再见。而他与父母之间的关系更是糟糕。

2001 年 4 月 18 日，在 NBA 常规赛季结束的次日，科比与妻子瓦妮莎在加利福尼亚州的德纳角市举办婚礼，但他的父母、两个姐姐以及经纪人、湖人队队友都没有出席。据报道，原因是科比的母亲帕梅拉非常反对这门婚事，认为科比还太年轻，尤其是和他结婚的女人不是一个非洲裔美国人，她和科比结婚的唯一目的是为了自己儿子的金钱，甚至威胁断绝母子关系。科比的父亲和两个姐姐也反对，但科比一意孤行，婚后另置豪宅，与瓦妮莎享受二人世界，而他的父母则搬到费城老家居住。

科比的大女儿纳塔利亚于 2003 年 1 月 19 日出生，从此，他与他的父母开始改善关系。而此时的湖人队开始步入低谷期，"大鲨鱼"渐离巅峰，"OK 组合"不久的将来就会解体，而费城更是江河日下，不再是科比的最大敌人了。

明尼苏达森林狼队

就这样，科比无缘他心爱的76人队，无缘"兄弟之爱"的费城，而拥有第2、第3、第4顺位的多伦多猛龙队、温哥华灰熊队、密尔沃基雄鹿队，这三支大幅重建中的北方球队根本就不愿意在一名高中生球员的身上赌博，最终，他们分别得到了马库斯·坎比、谢里夫·阿伯杜尔·拉希姆以及史蒂芬·马布里，但最遭"黑曼巴"恨的却是明尼苏达森林狼队。

首先，灰熊队和猛龙队这两支联盟新军，由于都在加拿大而导致的纳税高于美国、文化差异、气候寒冷以及新军战绩差等原因，大家都不愿意去，史蒂夫·弗朗西斯甚至因为被灰熊队选中而拒绝报到，最终，无奈之下球队只好将他交易到休斯敦火箭队，科比自然是不屑的。而密尔沃基，一个寒冷的小城市，雄鹿队，一支小城市球队已经连续第五个赛季无缘季后赛，自然也不受科比待见了，但森林狼队不同。

1995年6月28日的选秀大会森林狼队刚刚用5号选秀权得到了高中生球员凯文·加内特，这次，他们想再试试运气——他们手中又拥有5号选秀权。曾经担任森林狼队主帅并将加内特从一名高中生调教成一代"狼王"的菲利普·桑德斯，人称"教练的教练"，已于2015年10月26日因癌症不幸辞世，生前接受采访的时候他曾透露，在1996年的选秀大会上森林狼队曾差点儿选择科比·布莱恩特，以让他和凯文·加内特联手。

就今天的情况看，科比和加内特都注定会进入名人堂，如果当年他们俩能够联手，又会是怎样的一番景象呢？"再选一个高中生球员？我们确实曾经犹豫过，但后来我们觉得，那时候同时拥有两个如此年轻的球员有点儿太多了，而且凯文依然在成长中。"

最终，森林狼队选择了雷·阿伦，并用他从雄鹿队换来了马布里。职业生涯中，科比和加内特注定无缘当队友，但科比一直怀念二人之间的情谊。"我还记得当初和他打电话，讨论我要不要参加选秀的事情，他跟我讲了自己的新秀赛季经历，2015-2016 赛季已是他职业生涯的第 21 个赛季、我的第 20 个赛季，真的是太难以置信。"2015 年 10 月 28 日，湖人队的新赛季揭幕战其对手便是"狼王"回归的森林狼队，面对老友，科比如是说。此情此景，令包括我在内的现场记者们唏嘘不已。

就这样，森林狼队错过了科比·布莱恩特。听起来，貌似雷·阿伦抢占了"黑曼巴"的位置？也许是吧。总之，职业生涯中二人恩怨不断。但实际上，二人之间的纠葛和选秀大会没有关系，因为在选秀还没有开始的时候二人已经结仇。

据同届新秀、以第 44 顺位被夏洛特黄蜂队选中的马里克·罗斯回忆："1996 年，我们一起飞往芝加哥参加新秀训练营。我们参加了各种体检，当时科比在体检中不断唠叨：'我的身体没有任何伤病，没有什么好检查的。'而这时候，一旁的雷·阿伦忍不住对科比说：'那是因为你才 17 岁，还什么也没有做到过。'"

"我认为他们俩的恩怨就是从这时候开始的。科比有那样的态度是一种自信，但事实上，那些上过大学的球员们都不喜欢他，他们就是从那次芝加哥训练营开始结下梁子的，很多球员都希望看到科比失败。"

1996 年的选秀大会可谓众星云集，阿伦·艾弗森、史蒂芬·马布里、雷·阿伦、安托万·沃克、史蒂夫·纳什……大部分球员都有着至少两年的大学打球经历，而科比注定会和他们格格不入，注定会一个人独行。

波士顿凯尔特人队

　　纵观整个 NBA 的历史，没有一支球队的辉煌可以和波士顿凯尔特人队相提并论，即便洛杉矶湖人队也是如此——总冠军数能追平甚至反超，但 8 连冠、13 季 11 冠的传奇恐怕是不可能再复制了。可是，你能想象得出科比·布莱恩特身披"绿衫军"战袍会是怎样的一番景象吗？

　　时间再回溯到 1996 年，选秀前，科比还曾前往波士顿参加试训，时任凯尔特人队助教的丹尼斯·约翰逊还曾手把手地辅佐过科比训练，而在当时，科比确实穿着一身凯尔特人队装备。

　　不得不承认，在进入联盟前科比一直都是湖人队球迷，但在那年夏天，他曾前往凯尔特人队试训，对此，"黑曼巴"自己都感到有些惊讶，因为这是他父亲为他争取到的。

　　"什么？为什么你要这样对我，你是个什么样的父亲啊？"科比回忆说，"所以当时我就去了。他们给了我全套的凯尔特人队装备，我当时看到这些装备，然后就上场试训了。在那里，**我遇到了丹尼斯·约翰逊，从他身上我学到了很多东西。我真的尽了我的全力去训练，我真的希望能给他们留下一个好印象，因为他们是一支传奇球队。如果他们选中了我，那我就会继续这支球队的传奇，因为那是他们应得的。**"

　　这里说的丹尼斯·约翰逊，是一名活跃于 20 世纪七八十年代的球星，双能卫，但主要司职得分后卫，擅长防守，拉里·伯德曾表示，**约翰逊是"我合作过的最好的球员"**。能得到他的教导，**不到 18 岁的科比当然是幸运的。**

　　如今，科比·布莱恩特依然难忘试训波士顿凯尔特人队的经历："这会让很多人感到恶心，不过倒是让我想起了很多美好回忆。"

　　凯尔特人队不是没有考虑过科比，当时的总经理兼主帅 M.L. 卡尔也十分欣赏科比，但最终球队还是决定不去承担种种风险和非议，他们选择了安托万·沃克——一个现在以破产而闻名的球星。卡尔表示，当他担任主教练后，"绿衫军"老板保罗·加斯顿直接告诉他，接下来的赛季，球队的目标是得到蒂姆·邓肯。

"那时候的处境太艰难了，因为这跟我们的篮球基因构造完全相反。"卡尔说，"但球队的做法是正确的，虽然这样的道路布满了荆棘。我记得有一场比赛，当大卫·韦斯利连续投进 3 记三分球而找到手感的时候，我们不得不把他换下来。他特别不可思议，我告诉他球队需要实验阵容。那段时间真的很难熬，球员们都不明白我们做了些什么，我也告诉他们，下个赛季我就不会是教练了，未来是你们的，但打了一段时间之后，他们就都懒得听了。"所以，凯尔特人队压根就没有重视过 1996 年的那帮新秀们，尽管安托万·沃克的"菜鸟赛季"表现非常棒，但赛季结束，"绿衫军"竟然是 15 胜 67 负，但在 1997 年夏天，头号签被以精准摆烂而闻名的格雷格·波波维奇及其圣安东尼奥马刺队所获，蒂姆·邓肯在西部崛起。而在波士顿，本是总经理、只是因为要摆烂而接过主教练职务的 M.L. 卡尔于 4 月 30 日被解聘并回归篮球部发展主管，5 月 6 日，由当时的学院派领军人物"皮蒂诺大帝"——里克·皮蒂诺接过教鞭，当年选秀则以 3 号签摘得日后的总决赛 MVP 昌西·比卢普斯、6 号签摘得一度在芝加哥公牛队当过老大的罗恩·莫瑟，但皮蒂诺并不珍惜比卢普斯，新秀赛季打了 50 场便将他换走，直到次年夏天选秀换来保罗·皮尔斯，与安托万·沃克组成"双子星"，才渐渐复苏。

当然，放弃科比也让凯尔特人队最终尝到了恶果：2007-2008 赛季的总决赛，科比给"绿巨头"带来了很多麻烦；而 2009-2010 赛季的总决赛双方再次碰面，科比完成了复仇。

不过，1996 年选秀时还在担任菲尼克斯太阳队主教练的丹尼·安吉也许不会后悔凯尔特人队的决定。现在，当有人问他，科比和邓肯，他会选择谁做基石球员的时候，现在已经是"绿衫军"篮球运营部总裁的他毫不犹豫地回答："蒂姆·邓肯。"

洛杉矶快船队

可能大家都还记得，2004 年的夏天，当科比·布莱恩特闹着要离开"紫金军团"的时候，他可能选择加盟的球队就包括了同城的洛杉矶快船队；但也有人传闻称，假如科比在 2015-2016 赛季结束后不退役，他最有可能加盟的球队也是同城的洛杉矶快船队。首先我要声明的是，这中间肯定是没有地缘因素的。

当然，**我也不知道"黑曼巴"和快船队之间哪来的那种情怀，也许是一种天生的好感，也许是科比对洛杉矶的一见钟情吧**。1996 年的选秀之前，快船队曾经试训过科比两次。第 1 次试训的考官是曾经的湖人队队史传奇、当时担任快船队总经理的埃尔金·贝勒；第 2 次的主考官则是快船队当时的主教练比尔·芬奇。第 2 次试训结束后，科比还受邀与考官一起吃午餐。

那时候，科比一度真的以为自己将身穿快船队球衣："当时他们和我说，**这是他们看过的最出色的表演**。我就想，天啊，我要去洛杉矶打球了！"如果成真，至今还没有为一名球员退役过球衣号码的快船队应该打破尴尬了。但一起吃过午餐……然后——然后快船队并没有摘下科比·布莱恩特，虽然**他们对"黑曼巴"的技术、斗志、运动能力、好胜心都十分肯定**。当时，他们给出的解释是："假如我们用 7 号签摘下一名高中生的话，别人一定会笑话我们的，这太不可思议了。"

不选科比就不是笑话了？最终，这样的选择只能证明，在 1982 年就入主快船队的前老板唐纳德·斯特林的时代，他们永远摆脱不了这样的一个规律：看起来快船队似乎年年都在摆烂，年年都能获得高顺位选秀权并且经常能选到一些有天赋的少年，但是，这些天赋少年在快船队打几年就会选择离开；他们甚至分别有过三次头号签，但选择的分别是丹尼·曼宁、迈克尔·奥拉沃坎迪、布莱克·格里芬，而错过了米奇·里奇蒙德、文斯·卡特、斯蒂芬·库里等更好的人选。

回头说科比，说 1996 年的选秀。快船队认为如果选科比将是一个笑话，结果他们用 7 号签选中了洛伦岑·赖特——一个 NBA 生涯场均只有 7.9 分、6.3 个篮板的球员。事实上，如果你不太关注 1996 年的选秀名单，那你可能不知道 1996 年选秀的黄金时代竟然还有这样一个 7 号位球员。如今，他已经被人谋杀，离开了人世。

这样分析，快船队试训科比只能算是小打小闹，因为他们从内心里就没有把科比·布莱恩特真的当回事。

MAMBA FOREVER

新泽西篮网队

但新泽西篮网队就不一样了，他们是真的认真考虑过选择科比·布莱恩特，而这一考虑又得益于一个人——约翰·卡利帕里。

约翰·卡利帕里又是何方神圣？为什么最终又放弃了科比？他是 NCAA 的一代传奇，但究竟有多传奇，只需要了解以下四个事实即可。

第一，他不仅将万斯·威尔伯格发明的 DDM 战术发扬光大，且战绩斐然，是 NCAA 历史上唯一能够带领不同球队杀入最终四强的主帅，也是仅有的四位能够率领不同球队以全国头号种子身份进入淘汰赛的主帅之一，2007-2008 赛季率领孟菲斯大学单赛季打出 38 场胜利，创造了 NCAA 的赛季获胜历史纪录，2011-2012 赛季带领肯塔基大学夺得 NCAA 冠军。

第二，2009 年 3 月 30 日，他与肯塔基大学签订了一份为期 8 年、总薪资 3165 万美元的大合同，这是迄今为止 NCAA 篮坛的最高薪，令许多 NBA 教练羡慕不已。

第三，已于 2015 年以教练的身份入选了奈史密斯名人堂。

第四，在培养人才方面可谓桃李满天下，德里克·罗斯、约翰·沃尔、德马库斯·考辛斯、安东尼·戴维斯、卡尔 - 安东尼·唐斯等名将都是他的学生，其中头号新秀就有四位。

1996 年 6 月 6 日，连续两季无缘季后赛而解聘布奇·比尔德的新泽西篮网队任命卡利帕里为新主帅，20 天之后便是选秀了。在这样的背景下，如果不是命运捉弄或者是篮网队管理层的横加干涉，卡利帕里的帐下本该还有一位伟大的弟子，而且是到目前为止所有弟子中成就最高、最伟大的弟子——科比·布莱恩特。

时年 37 岁的卡利帕里被新泽西篮网队寄予厚望，而且他完全可以不负这份厚望：他们手中拥有 8 号签，而卡利帕里看中的正是科比·布莱恩特，希望球队能够选择这样一位年轻人。这也并非胡思乱想，因为**在选秀大会前的试训中他已经为科比的表现所折服，尽管这孩子只是一名高中生，但卡利帕里愿意为他冒风险。**"我觉得如果你看过他当年的试训，你就会有这样的想法：**'这孩子是故意来嘲讽我们的，或者说这孩子实在太厉害了。'**"回首往事，卡利帕里不胜感慨。

但跟全联盟绝大多数的平庸之辈类似，新泽西篮网队的老板和管理层同样不喜欢高中生，他们喜欢的是克里·基特尔斯，并且向卡利帕里施压加罚。

"我当时告诉他们：'我希望用8号签得到科比。'但管理层却告诉我：'你不能挑选一个高中生球员。'类似的话他们说了一大堆，于是我就告诉他们：'如果到时克里没人选中，我就选他，如果克里被选走了，我就会选择科比。'"

科比·布莱恩特，终于等到了一位赏识自己的人，尽管只是8号位新秀，而不是头号新秀。

与此同时，科比的经纪人更希望他去洛杉矶，那里有更为广阔的市场空间，可以去挖掘科比的价值。为了达到目的，他不惜欺骗自己的朋友。

"科比的经纪人塔伦西当时是我的朋友，他告诉我们不要选科比，如果他们这样选择了，科比就会去欧洲打球。"卡利帕里这样说道。除了经纪公司外，体育巨头阿迪达斯也采取行动，向篮网队施压，因为毕竟新泽西更像是纽约的某个郊区，与世界娱乐业之都的洛杉矶地位相差太悬殊了。"在洛杉矶打球，可要比在新泽西打球强多了，谁会去赞助一位篮网队的球员呢？"当时力主签下科比的阿迪达斯巨头瓦卡罗说道。如果他们早很多年搬迁到布鲁克林，科比现在身穿的或许就是黑色球衣了。

似乎，这个世界的真相是：真理永远都是掌握在少数人手中，而权势却掌握在经济利益的控制者手中，一代人物卡利帕里终究是胳膊，拗不过阿迪达斯和新泽西篮网队这样的大腿，最终只能妥协，放弃了。篮网队的管理层曾希望他能用 8 号签选中来自锡拉丘斯大学的前锋约翰·华莱士，但最终卡利帕里听从了著名经纪人的建议，拿下了当时全美最佳阵容五虎将之一的克里·基特尔斯。

基特尔斯在 NBA 联盟征战了 7 个赛季，场均可以拿到 14.1 分、3.9 个篮板、2.6 次助攻、1.6 次抢断，当拜伦·斯科特带领贾森·基德、肯扬·马丁、理查德·杰弗森连续两季杀进总决赛并一度挑战"OK组合"的时候，他都是铁打不动的首发，相比老板和管理层看中的约翰·华莱士——在 NBA 同样征战 7 个赛季但场均只有 7.6 分、2.8 个篮板、0.7 次助攻、0.4 次抢断、总共才打过 45 场首发的凄惨——是万分的英明；但同科比相比，又可谓一个天上，一个地下。

"当时大多数人都在给我施压，说服我让我放弃科比。"卡利帕里感慨道，"我很喜欢克里，在大学他读了 4 年的时间，已经足够成熟，不过我当时就告诉他了：'你现在肯定会比科比做得更好，但 5 年后就未必了，那家伙一定会闪闪发光的。'"

毋庸置疑，卡利帕里做出了精准判断，但科比的成长速度比这位 NCAA 名帅的预估来得还要快速，还要迅猛。直到现在，对于当年错过科比·布莱恩特一事，卡利帕里仍然有些耿耿于怀。显然，如果一切顺意，约翰·卡利帕里、科比·布莱恩特、纽约、洛杉矶乃至 NBA 或许跟现在的样子都会有所不同。

和科比擦肩而过后，卡利帕里并没有在篮球上取得成功，执教了两个多赛季就黯然下课了。之后，他多次拒绝 NBA 的邀请，一直在 NCAA 的赛场上执教，成为大学篮球赛场的一代名帅。

"几年前，科比还和我说，如果当年我选择了他，现在我肯定还在 NBA 继续执教。"卡利帕里略带遗憾地说。

MAMBA FOREVER

🏀 金州勇士队

1996 年，因为科比而成为笑柄的不只有新泽西篮网队，还有金州勇士队。当时的勇士队总经理是戴夫·特沃茨克。"选择一个来自大一或者大二的球员，显然，这会比选择一个来自高中的家伙要更让人舒服些。因为我们对他完全不了解。"直到今天，特沃茨克依然坚信自己的"政治正确"，根本就没有做错。

然后，他在第 11 顺位选中了托德·弗勒。"任何时候，一个高中球员不成熟的地方不仅仅是身体方面，也包括精神层面，这本就不是一个适合我们的计划，尽管我们做了详尽的调查，但科比还是没有打动我们。托德是一名内线球员，并且有着不错的篮球智商。他也许很快就能适应 NBA 的身体对抗，当时他的打法倾向低位。"

诚然，弗勒身高 2.11 米，体重 116 千克，又是白人，正合特沃茨克的胃口。但正所谓"理想是丰满的，现实是骨感的"，在 NBA 的职业生涯仅仅维持了五个赛季，他曾先后效力于金州勇士队、犹他爵士队、夏洛特黄蜂队和迈阿密热火队四支球队，最后的赛季，亦即 2000–2001 赛季在为热火队打了 10 场比赛后就告别了 NBA，此后他曾辗转于欧洲联赛，渐渐消失。

弗勒的篮球智商确实不错，但篮球并不是下象棋，还是需要去对抗、去得分，弗勒一直没有将他的篮球智商带到 NBA 赛场上。退役后，他致力于为夏洛特的孩子们辅导数学，对，你没有听错，是数学，当然，偶尔他也会出国讲讲篮球理论；但问题是，他似乎从来就没有在篮球场上大放光芒。

职业生涯最好的赛季，弗勒场均出战 12.7 分钟，可以拿下 4 分、3.3 个篮板。"有人总是喜欢事后诸葛，其实那是很愚蠢的事情。当年我到了勇士队，我改变了这支球队，我有着不错的开局。"弗勒同样认为自己才是正确的选择，"但有一件事我没有处理好，那就是将太多的压力都放在自己身上,这让我经常会陷入困境。"

看看统计数据就知道,这话只是说对了50%:不错,托德·弗勒的开局是不错,是改变了勇士队,相比**科比·布莱恩特从作壁上观到替补、到首发、到"OK组合"、到唯一的核心、到封神的漫长过程,他在NBA的处子秀便是首发,而且连续8场,前4场分别是8分5个篮板、12分9个篮板、14分9个篮板、14分2个篮板,但勇士队却是2胜6负,其中还有4连败;然后,就是他去替补了;然后……**

如果勇士队当年能够拥有科比·布莱恩特,他们也就不用苦等40年才等到"水花兄弟",才再次等到总冠军奖杯。

2016年1月14日,湖人队客场对阵金州勇士队,后者如日中天,前者的领袖已经确定退役,但在谈及往事的时候,无论是托德·弗勒还是戴夫·特沃茨克都认为,当初的选择就是正确的选择。似乎这也没有错。诚然,除了特沃茨克所说到的科比是高中生这个最直接的原因外,另一个原因便是当时的勇士队情况也不同,他们刚刚失去了内线明星克里斯·韦伯,与此同时,新阵容的外线相当强大,B.J.阿姆斯特朗、拉特里尔·斯普雷维尔、克里斯·穆林、乔·史密斯的得分能力都很强,连大前锋乔·史密斯都能投三分球,而且全都是响当当的人物,选中科比,只能是位置重叠。不过,人算不如天算,摘了弗勒后,又签下自由球员马克·普莱斯,也是排得上号的组织后卫,赛季开始不久便交易走与之位置重叠的"公牛王朝"成员的B.J.阿姆斯特朗,阵容算是整齐。不料,1997-1998赛季打了14场球后,被赐以"狂人"称谓的拉特里尔·斯普雷维尔因为掐主教练的脖子而被联盟处以重罚,一切,归零。

有人说,选秀本身就是一场赌博,拿到1号签你可能会得到安东尼·本内特,可能会得到格雷格·奥登,可能会得到安德里亚·巴尼亚尼,可能会得到夸梅·布朗,可能会得到迈克尔·奥洛沃坎迪,可能会得到乔·史密斯,可能会得到……而如果你手中并没有梦寐以求的1号签，别急，你不一定就淘不到好球员，比如 1996 年的选秀大会就有第 13 顺位的科比·布莱恩特、第 14 顺位的佩贾·斯托亚科维奇、第 15 顺位的史蒂夫·纳什、第 16 顺位的托尼·德尔克、第 17 顺位的杰梅因·奥尼尔、第 20 顺位的扎伊德鲁纳斯·伊尔戈斯卡斯。说远些，单论 NBA 历史上那些次轮挑出来的全明星级球员，21 世纪以来的就有吉尔伯特·阿里纳斯、迈克尔·里德、卡洛斯·布泽尔、拉沙德·刘易斯、梅米特·奥库、马努·吉诺比利、卡蒂诺·莫布利、蒙塔·埃利斯，其中不乏所在球队的"大当家的"。

1996 年，多数球队有自己的建队理念或直接需求，或者缺乏慧眼，而勇士队与篮网队却不愿意为一名高中生冒风险，但是，有一个人不仅慧眼识英才，而且愿意去冒这样的风险。这个人名叫杰里·韦斯特，NBA 的"LOGO"。

1968–1969 赛季的总决赛，30 岁的杰里·韦斯特获得总决赛 MVP，也是联盟历史上唯一以失败者身份捧起总决赛 MVP 的球员。在 1996 年 NBA 评选的 50 大巨星中他当然入选。从未离开 NBA 的 50 余载职业生涯，从一代巨星到转身成为洛杉矶湖人队的主教练、特别顾问、总经理、篮球运营部执行副总裁，再到孟菲斯灰熊队的篮球运营部总监，至今是金州勇士队的执行董事，他见过了太多的大风大浪，如果没有他，联盟这 50 年的历史可能要重新书写。其中，将科比·布莱恩特带到"天使城"能否算作其中最浓重的一笔，日后或许还有争论。

洛杉矶湖人队

无论是在哪个行业，适者生存，永远都是不变的真理，NBA 也不例外。 球员们因为在场上的出色表现而赢得大合同，教练们因为他们出色的战绩、出色的临场指挥得以留任，而成为制服组后，**杰里·韦斯特同样表现出色，因为他是 NBA 处于金字塔顶端的那名伯乐。**

我的同事、*ESPN* 名记 J.A. 阿丹德是一名湖人队的忠实拥趸，他曾有过一句名言：**"在整个 20 世纪 80 年代，湖人队有两件事是确定无疑的：第一是'魔术师'一定能给球队带来最重要的胜利；第二就是杰里·韦斯特一定能给球队带来最适合的球员。"**

从穿上紫金战袍的第 1 天起，杰里·韦斯特就和这支球队产生了千丝万缕的关系。在为湖人队打球的时代，他是一名巨星级的球员，退役后又为这支球队当过主教练、球探，他先后为球队带来鲍勃·麦卡杜、米切尔·汤普森、拜伦·斯科特等一大批精兵强将，**湖人队能在 20 世纪 80 年代 5 次拿下总冠军奖杯，他功不可没，所以被尊称为"湖人队教父"。**

每年的休赛期，对于 NBA 的管理层来说都是一场恶战，1996 年的夏天也不例外。对于杰里·韦斯特来说更是如此，那是他赌上之前一切荣誉的一次恶战。一方面，1995–1996 赛季他才刚刚升任这支球队的篮球运营部执行副总裁；另一方面，因为 1995–1996 赛季处于这支豪强的相对低迷期，虽然"魔术师"短暂复出，但是湖人队队内的老大太多，谁也不服谁，头号得分手塞德里克·塞巴洛斯在赛季中期因为不满埃尔文·约翰逊的存在而曾公然离队前往度假胜地寻欢、游乐，而当"魔术师"看到湖人队的这帮人只顾着自己刷分却全然不顾球队团结、争胜的时候，最终心灰意冷，决定彻底告别篮坛。

1995–1996 赛季，迈克尔·乔丹带领公牛队打出 72 胜 10 负的壮举，但杰里·韦斯特却无暇顾及这一切，因为他的心中暗藏着一个惊天计划——将洛杉矶湖人队完全推翻，重新建立一支全新的王朝球队。

这真的是一场惊天豪赌，因为 1995-1996 赛季湖人队还是一支季后赛球队，如果豪赌失败，他们可能一下子就会沦落为鱼腩球队。洛杉矶的球迷可不是那么好伺候的，长久以来，他们已经习惯了进总决赛，那么多年的洗礼，他们从骨子里就有一种贵族气质。科比告别赛季的主教练拜伦·斯科特就是生动而鲜活的例子，球员时代打得再好，成为主教练后战绩不佳，湖人队球迷就会在网上攻击你，会让你下课。

正所谓不破不立、大破大立，杰里·韦斯特的首要目标就是还不满 18 岁的科比·布莱恩特。和其他球队一样，湖人队也邀请了科比参加试训，尽管那年他们的选秀权只是第 24 顺位。当然，为了选秀，每支球队都需要做好准备——万一，前面的 18 位总经理（注：一些球队拥有多个选秀权）都脑子发疯错过了科比；与此同时，杰里·韦斯特也需要考虑交易，不必等到第 24 顺位。

那天，湖人队安排了迈克尔·库珀去检验科比的水平，一个离开 NBA 多年的老手来检验一个 17 岁的高中生，听起来是再合适不过了。虽然在 6 年前就已经退役了，但此时的库珀并没有大家想象的那么菜，他曾拿到过最佳防守球员的荣誉，退役后仍然保持着完美身材。

杰里·韦斯特和现今的湖人队总经理米奇·库普切克站在场边看着，就这样，时间大约过去了 15-20 分钟，韦斯特转过身去，对科比的经纪人说：**"我们会找到办法去得到他的。"** 当时，人们都以为韦斯特只是说了一句话去恭维或安慰对方，但是，他真的就这样去做了。

湖人队得到"黑曼巴"的过程可谓一波三折，中间不管是哪个环节出现失误他都有可能加盟其他球队。前面已经提到，拥有前 12 顺位选秀权的球队都不大乐意用那么高的顺位得到一名高中生，毕竟1996年的新秀太过出色，谁也不想被骂成蠢蛋。我也曾经提到过，凯尔特人队曾经试训过科比，但他们最终选择了即战力更为出色的安托万·沃克。对于湖人队而言，非常幸运的是有杰里·韦斯特——湖人队队史上最杰出的总经理之一，他联系了拥有第13顺位选秀权的夏洛特黄蜂队。

MAMBA
FOREVER

夏洛特黄蜂队

夏洛特黄蜂队是一支历史复杂的球队，你可能会认为今天在夏洛特的那支黄蜂队是真正传承下来的黄蜂队，但事实上，他们的前身是夏洛特山猫队；你可能会认为新奥尔良鹈鹕队才是真正的黄蜂队，但更名之后，他们似乎已重新开启了一段新的历史旅程。

无论如何，**_科比·布莱恩特需要特别感谢黄蜂队选中他并将他交易到"天使城"——如果没有这笔交易，或许科比依旧可以成为巨星，但或许不会有现在这样伟大_**。与此同时，科比也可能会怨恨黄蜂队，因为交易送走意味着这支历史复杂的球队不需要他，这无异于进入 NBA 之后的当头棒喝，万般凌辱。

如今，黄蜂队的老板是迈克尔·乔丹，即曾几何时科比期望赶超的那个偶像，可即便如此，当科比再提起这笔交易的时候，对黄蜂队仍然充满了讽刺。

在山猫队决定将队名改回黄蜂队的时候，科比不忘发自己选秀时带着黄蜂队球帽的定妆照："纪念改名，#13 顺位 #96 年选秀 # 年轻的面庞。"

2014 年 7 月 3 日，科比又突然在 Twitter 发文："18 年前的今天，黄蜂队说我对球队起不了任何作用，因此要把我交易。# 谢谢 # 湖人队。"

1996 年的那个夏天，科比可能永远忘不了那个夜晚，对于他来说，那么近，又那么远。

"1996 年选秀第 1 顺位，费城 76 人队选中了阿伦·艾弗森……斯蒂芬·马布里、托德·弗勒……"

NBA 联盟的总裁先生大卫·斯特恩一个一个地叫着那些新秀的名字，等待许久，人们终于听到了"科比·布莱恩特"。

但没过多久，科比·布莱恩特被夏洛特黄蜂队送到了洛杉矶湖人队。

"夏洛特黄蜂队不想要我，黄蜂队的主教练戴夫·考恩斯告诉我，他们不需要我，因为我没有任何机会为这支球队效力。当时黄蜂队有不少的后卫和小前锋，我没有办法得到太多的出场时间。"时间已经是2015年12月28日，科比要随队出战夏洛特了，他依然难忘这份耻辱。

戴夫·考恩斯是NBA的传奇，入选了奈史密斯名人堂，是NBA评选出来的50大巨星之一。"我从小就开始看NBA的比赛，当然知道考恩斯是一个怎样的人物。我也非常渴望为他打球，当时我的反应很简单，就是'哦，好吧'，这番话让我从满面笑容的孩子最后变成了一名杀手。"

当然，对于科比说的话，考恩斯当然有话要说。他坚称自己从来没有说过那样的话："我从来不会对这样一个球员说，当时我们甚至彼此还不认识，谈话的内容与他无法身披黄蜂队球衣无关，因为一切已经是定局了。那就是一个礼节性的对话，我们选中了他，然后我打电话给他，如此而已。"

客观事实是，当时的黄蜂队后场并不缺人，而且和篮网队的境遇一样，如果他们选中科比的话，科比还很可能会前往意大利打球。这是风险之一。而科比从来都没有在黄蜂队试训过，也就是说，黄蜂队对他也没有任何的了解，所以可以推断，突然选中他，一切的一切都只是为了交易。为了满足"湖人队教父"的要求，将他送到洛杉矶。

所以，考恩斯是非常清楚的，当科比和大卫·斯特恩握手的时候，他就注定将属于湖人队了。事后大家已经清楚，黄蜂队将科比送到湖人队换来了弗拉德·迪瓦茨这样的内线球员。黄蜂队本来认为自己有能力去竞争东部冠军，但必须有一个更强有力的内线——1995年11月3日，他们将之前的建队基石阿朗佐·莫宁送到了迈阿密热火队，换来了格伦·莱斯以及后来将"大鲨鱼"手指打折的白人中锋马特·盖格尔，新的建队基石是有了，但在20世纪90年代，球场生命线的中锋位置光靠盖格尔显然不济。

"当时的黄蜂队已经有了格伦·莱斯、戴尔·库里等人，我们需要内线球员，**我们知道科比·布莱恩特很优秀，但确实没有想到他会成为如此出色的球星。**"

如果黄蜂队知道他们放弃的是一个会为球队拿到总冠军奖杯、职业生涯总得分超越迈克尔·乔丹的运动员，他们可能宁愿再等几年，也不会送走科比。"其实交易协议早就达成了。"当时担任黄蜂队篮球运营部总管的比尔·布兰奇回忆说，"假如我记得没错，湖人队直到我们做出选择前的 5 分钟才说出了自己心仪的人选，所以选择科比并不是我们的决定。"

至此，可谓阴谋、阳谋都真相大白了，其实当年黄蜂队在意的根本不是在 1996 年的选秀中可以得到怎样的一位球员，只是为科比·布莱恩特做嫁衣而已。另一方面，客观地说所谓"黄金时代"也确实是多年后人们"事后诸葛"的判定，如果这个话题延长，一直到勒布朗·詹姆斯、卡梅隆·安东尼、德怀恩·韦德、克里斯·波什的集体亮相，甚至延伸到史蒂夫·纳什卫冕 MVP 及至科比·布莱恩特获得总决赛 MVP，提及 NBA 选秀的"黄金时代"都是 1984 年和 2003 年，根本就没有 1996 年什么事儿。而当时间拉回到 1996 年，最极端的例子还有当年的丹佛掘金队总裁兼主帅伯尼·比克斯塔夫，他不仅宣称 1996 年没有什么出色的球员，而且将宣言付诸行动，在选秀前他们就已经将首轮签送走了。

除了"黑曼巴"，杰里·韦斯特的重建计划中还有一名更重要的球员，而且这名球员的重要程度不是科比·布莱恩特可比拟的，那就是"大鲨鱼"。在当时，这才是震惊全世界的大交易，纵使是放到整个 NBA 历史上，如此级别的交易迄今为止也不会超过五桩。

为了签下沙奎尔·奥尼尔，"紫金军团"首先要做的是清理薪资空间，而迪瓦茨合同中剩余的两年、830 万美元自然就要被摆上货架。湖人队想要甩掉迪瓦茨，而黄蜂队需要一位出色的内线，在此情况下双方达成协议。

　　而黄蜂队这边，并不是没有想过用选秀权去选一位优秀内线，前面刚刚说过在科比的后面还有小奥尼尔和"大 Z"，但这风险实在是太大了，一个同样是高中生，一个是国际球员。

　　黄蜂队已经等不起了，当时的他们想要赢在当下，如果可以用 13 号签换得迪瓦茨这样的内线强将，何乐而不为？

　　"假如我们回到那个年代，科比仍然只是一个 17 岁的高中生。"说话的时间依然是现在，当年在黄蜂队担任执行副总裁的鲍勃·巴斯也不认为他们做错了什么，"12 支球队都没有选择他，而我们不会花时间去培养新秀，我们只想马上赢球。当时的主教练戴夫·考恩斯才刚刚上任，我希望能给他赢球的机会。假如得到弗拉德·迪瓦茨，我们立马就能赢球，但得到科比，你可能无法做到这些，但如果没有弗拉德，我们可能只是一支只有 25 场胜利的队伍。这么说吧，当时还从来没有后场的高中生球员直接进入联盟打球的先例。"

　　交易发生后的赛季，亦即弗拉德·迪瓦茨加盟的 1996–1997 赛季，黄蜂队取得了 54 胜 28 负的战绩，创下的队史纪录直到今天都没能被打破，而交易发生前的赛季他们却没有闯进季后赛。为此，鲍勃·巴斯还拿到了 1996–1997 赛季的年度总经理，是对是错一目了然。

　　一个合理的、多赢的选择，科比却一直记仇，我觉得主要是他内心深处的羞辱感，而不是他被现实改变了什么。被现实改变的其实是其他的人与物，包括那些备选球队、被卷入交易的球员们，甚至还有我。

　　同处加利福尼亚州，奥克兰距离洛杉矶并不遥远，与旧金山之间相当于纽约与新泽西，就像是郊区。如果金州勇士队选中了科比，我现在的落脚点会不会就是这个中国人聚集的城市呢？这很难说。

　　说来有趣，我刚到美国的时候一直纳闷：为什么勇士队叫金州勇士队而不是旧金山勇士队？后来得知金州就是加利福尼亚州的别称，而通过实地走访后又得知，勇士队的确是旧金山的球队，而且以前的队名就是旧金山勇士队，只是之后搬到距离旧金山市中心 30 多千米的奥克兰而改名金州勇士队的，而至今他们的球迷中很大一部分是来自旧金山的，每次看球都得从旧金山跑到奥克兰去。

看球的路线是从旧金山市中心出发到勇士队主场甲骨文球场。由于地处旧金山湾，所以旧金山与奥克兰等城市又被统一称为湾区。旧金山的球迷去甲骨文球场有水路，也有旱路，都可以走。水路要通过著名的金门大桥，这种走法比走旱路要近得多，但是高峰期大桥会拥堵，而且要收单向过桥费。

作为湾区的地标性建筑，世界闻名的金门大桥有着独特的收费方式——从旧金山前往奥克兰方向完全免费，从奥克兰到旧金山方向则最低收费 5 美元，似乎是暗示你离开了就别再回来。虽然收费不高，但如果只为一睹金门大桥的风采，我建议你在旧金山一侧的桥头观景处远望——一旦真正开上金门大桥，不但看不到想象中的景致，反而会因拥堵而感到烦躁。

作为国际性大都市，旧金山是一座多彩多姿的城市，渔人码头与恶魔岛闻名遐迩。所谓恶魔岛，与迈阿密闻名世界的西锁岛一样，都是监狱岛。但恶魔岛关押的犯人都是罪大恶极甚至心理变态的恶棍，比如当年芝加哥的黑帮教父艾尔·卡彭与人称"鸟人"的罗伯特·斯特劳德等人。

除了上述景点，湾区附近的斯坦福大学与伯克利大学也享誉全球。虽然我的母校旧金山大学在学术排名上不如上述两所世界级名校，但我的校友比尔·拉塞尔是 NBA 当之无愧的指环王——毕竟，我在这里念书自然是校友了。

最后还是得说说金州勇士队，这支球队错过了科比，也沉寂了很多年，**终于在 2006 – 2007 赛季的季后赛大爆发，上演了惊天地、泣鬼神的"黑八奇迹"**。那时候的勇士队，主场比赛时就送给球迷印有**"We Believe"**的 T 恤衫，一人一件，其含义正是"我们相信奇迹"。虽然当年上演"黑八奇迹"的球员早已各奔东西，但是，那些疯狂又经典的片段却永远留在了湾区人的心里。

此后，勇士队虽然低迷了几年，但已经被重新点燃的球市保持了热度。直到 2012–2013 赛季，斯蒂芬·库里带队打入季后赛，才重新开始了新时代。如今，勇士队已经成为西部联盟最有天赋的球队，与此同时，甲骨文球场的黄色 T 恤终于从"We Believe"变成了*"We Belong"*——这是球队对季后赛的宣言，从当年的"我们相信奇迹"发展到今天的"我们属于这里"……我不属于这里，但每年不知道来这里多少次，是流浪人，但流浪人的内心是甜蜜的，因为勇士队目前的可爱程度。尽管他们在 1996 年的选秀大会上错过了科比·布莱恩特，又在 2011 年夏天错过了自己选中的新秀林书豪。

这就是选择的对与错。我不是科比，所以习惯了别人的选择，并因别人的选择而改变线路：流浪或不流浪。

MAMBA FOREVER

交易的故事

夏洛特黄蜂队和洛杉矶湖人队的交易、科比·布莱恩特和弗拉德·迪瓦茨的互换，看起来很顺利，但事实并非如此。

首先，对于被交易的两大主人公来说都是一件麻烦事。这位南斯拉夫及塞尔维亚球员当时的经纪人马克·弗莱舍回忆称，为了能够引进"大鲨鱼"，湖人队煞费苦心，如果和黄蜂队的交易没有达成，他们也有备选：他们还跟亚特兰大老鹰队谈好了，用迪瓦茨换取 25 号签。

"当时有三支球队参与了谈判，黄蜂队、老鹰队、国王队。"弗莱舍说，"湖人队和国王队没有谈成，然后就只剩下黄蜂队和老鹰队了。当然，湖人队也比较人性化，他们也问了弗拉德·迪瓦茨更愿意去哪支球队，而弗拉德给出的答案是夏洛特。"

想要说服弗拉德·迪瓦茨并不容易，毕竟那时候洛杉矶和纽约是每个球员都梦想前往的地方。迪瓦茨不想走，他甚至威胁湖人队管理层，如果交易他就选择退役。如果你是一位 NBA 经理，得到一位将要退役的球员，还要搭上一个选秀权，第 2 天估计全美国的球迷都会骂得你翻不了身。

"我希望能够快乐地打球，但当时我真的一点儿也快乐不起来。" 回忆起那个夏天的时候迪瓦茨说道，"假如有人在那之前问你想不想去夏洛特打球，我肯定是不想去的。当时我还告诉我妻子，自己准备好退役了。假如我真的做出那样的选择，就太糟糕了，估计我会成为洛杉矶的公敌。"

迪瓦茨是 1989 年的第 26 顺位新秀，被洛杉矶湖人队选中，他的加盟立刻对球队产生了影响，自己也入选了 1989-1990 赛季的新秀最佳阵容，在"魔术师"身旁他成了首发中锋。而且，他很快爱上了洛杉矶。当然，人人都爱洛杉矶。

当湖人队和黄蜂队紧锣密鼓地商量交易的时候，迪瓦茨正在欧洲度假，几天后他通知湖人队，大概意思就是说"老子不干了，你们爱咋咋地"吧。

"当时我就如同被大锤砸了一般。"迪瓦茨说道，"这是我的篮球生涯中第 1 次出现计划外的情况，我简直太绝望了。我当时就想，我打球还为了什么呢？我记得第 1 次将薪水支票交给父亲的时候，他曾经这样告诉我：'谁给的你支票，他们疯了吗？他们不知道就算没有钱，你也依然会打球的吗？'"

"**我不是为了打球而打球，我是为了快乐而打球**，当时我只有28 岁，我不想有那种被逼迫的感觉。我告诉自己的经纪人，我不会去夏洛特的，我爱湖人队，我爱洛杉矶，这里对于任何爱篮球的人来说都是天堂。"

离选秀大会只有 10 天的时间了，决定湖人队重建计划是生是死、是存是亡的危急时刻就要到了：弗拉德·迪瓦茨回到了洛杉矶，准备退役。这时候，杰里·韦斯特和他见了一面，二人相谈甚欢，就这样，"LOGO"说服迪瓦茨接受了交易。有时候，**你不得不感慨这个如今白发苍苍的老人身上散发出来的那种人格魅力**。

"杰里·韦斯特给我打电话，然后我回到洛杉矶，我们一起吃了顿午饭。"迪瓦茨回忆说，"他们基本达成了交易，现在就只等我同意。我们谈了很多有意义的问题，他问我：'为什么你不能去那边尝试一下呢？'我跟杰里的关系非常好，当我被湖人队选中的时候，他在机场等着我，所以那次会面我们很动情，因为我很信任他。他是一个非常聪明的人，无论杰里说什么你都要相信他。"

最终，1996 年 7 月 12 日，湖人队和黄蜂队完成了交易，迪瓦茨让自己的孩子和妻子都留在了洛杉矶，自己去了夏洛特，开始了全新的旅程。

"北卡罗来纳州的球迷都非常热爱篮球，我们每晚都在坐满两万四千人的球馆打比赛。"迪瓦茨回忆说。在为夏洛特效力的两个赛季，他场均可以拿下 11.7 分、8.6 个篮板，黄蜂队的战绩分别是 54 胜 28 负、51 胜 31 负。"每年我们都能赢 50 多场球，大家都很开心。有意思的是，一开始我就得到了面对湖人队的机会，当时我在场上完全都不知道自己该干些什么。我觉得自己就像是一个新手，我需要克服精神紧张。我总是想着交易，两年后我回到了西部，跟家人团聚。"这句话，我得加两段附注：

（1）他说的那场比赛是在 1996–1997 赛季，均是交手双方的第 3 场比赛，自然也是科比·布莱恩特职业生涯的第 3 场比赛了，湖人队做客，黄蜂队尽地主之谊，"大鲨鱼"拿下 22 分、10 个篮板、1 次助攻、2 个盖帽，"黑曼巴"取得 5 分，而主队中锋迪瓦茨则是可怜的 4 个篮板、1 次助攻、1 次抢断，但依靠全队努力，他们以 88：78 取胜。

（2）1997–1998 赛季结束，联盟停摆，谈判完成后，弗拉德·迪瓦茨于 1999 年 1 月 22 日以自由球员的身份回到了西部，签约萨拉克门托国王队，开创了与湖人队对抗的历史，2001–2002 赛季的西部决赛甚至差点就淘汰了"紫金军团"；而夏洛特这边，在迪瓦茨离开的同时又通过交易将格伦·莱斯送到洛杉矶助力"湖人队王朝"的初建，自己渐渐走上了下坡路乃至漂泊之旅，至今未恢复元气。所以，时至今日，二人之间还经常用当年的那笔交易开玩笑：那年夏天，一桩交易改变了两个人的命运。

湖人队的内部问题解决了，想要得到科比·布莱恩特，杰里·韦斯特还需要提防一个人：丹尼·安吉。

幕后故事是，在黄蜂队提前抄截了科比后，丹尼·安吉还准备负隅顽抗，他找到了黄蜂队主教练戴夫·考恩斯，他希望用菲尼克斯太阳队的罗伯特·霍里来交换科比，但同样出自波士顿凯尔特人队的考恩斯果断拒绝了他的建议，坚定地将科比送到湖人队，换来迪瓦茨。

很多人都认为，考恩斯昔日被凯尔特人队扫地出门，而这次就是他的复仇；而在年轻的时候，一向老谋深算的丹尼·安吉也有算错的时候，比如说这次。安吉想要和黄蜂队交易的传闻，最终激怒了霍里，二人从此不共戴天。于是，在1996-1997赛季开始后不久，亦即1997年1月10日，安吉通过大交易将罗伯特·霍里送到了洛杉矶湖人队，他们得到了在洛杉矶失去地位的得分手塞德里克·塞巴洛斯，事实证明，有心栽花花不开，无心插柳柳成荫，加盟湖人队后的罗伯特·霍里给湖人队带来的影响超乎人们的想象。

就这样，杰里·韦斯特将科比·布莱恩特带到了洛杉矶湖人队，但17岁的科比毕竟还没有只手遮天的本事，只是天才少年而已。接下来，他们距离球队的复兴还差一大步，是差一个人：沙奎尔·奥尼尔。

不管如何崇拜科比，你都必须承认：如果没有"大鲨鱼"，科比·布莱恩特的成就不会是今天这般，或者更大，但也或许更小。当年的湖人队取得3连冠霸业，迈克尔·乔丹之后唯一的王朝，这期间"黑曼巴"是在不断进步，但和如日中天的"大鲨鱼"相比还差得太远，还是映衬红花的绿叶。

湖人队早就钟情于沙奎尔·奥尼尔的天赋。历史上有不少的巨星，因为他们的存在，选秀头号提前一两年便失去了悬念，最近的就有蒂姆·邓肯、勒布朗·詹姆斯、锡安·威廉姆斯，更早的则有"大鲨鱼"。1992年4月，当时的湖人队老板杰里·巴斯还很年轻，还很活跃，他亲自陪着奥尼尔在论坛中心球馆的包厢中看球——那时候的湖人队主场还不是斯台普斯中心。此时的奥尼尔就是1992年6月的选秀大会的头号人物，没有任何的悬念。

杰里·巴斯陪完奥尼尔，一代传奇"魔术师"亲自上阵，比赛结束后他还和奥尼尔玩起了一对一的斗牛比赛，算是"饭后甜点"了。可惜的是，1992年的选秀1号签属于奥兰多魔术队，而湖人队所拥有的只是15号位，但他们从来都没有想过要放弃"大鲨鱼"。

功夫不负有心人，继1994-1995赛季总决赛被休斯敦火箭队横扫后，1995-1996赛季的东部决赛他们再次被横扫，而且对手变成了空前强大的芝加哥公牛队，这样一来，新秀合同结束的奥尼尔离开魔术队的愿望空前强烈。此时的杰里·韦斯特已经明白了：这是他打造另一个"湖人队王朝"的绝佳时机。

前面刚刚说过，为了清理出薪资空间，他们先是将迪瓦茨送到黄蜂队换来了第13顺位选中的科比·布莱恩特，随后，他们又一口气清理了7名球员，即便是1995-1996赛季表现不错的两名替补安东尼·皮勒、乔治·林奇都一并被送到了温哥华，看起来整支湖人队已经面目全非，空空如也，终于有了足够的薪资空间向"大鲨鱼"报价。

这时候，"紫金军团"的制服组可谓孤注一掷，如果奥尼尔不来，如此残败的阵容，你总不能指望"黑曼巴"的菜鸟赛季就将球队扛起吧？而此时，奥尼尔是自由球员的身份。

湖人队提出7年9500万美元的合同，魔术队一看洛杉矶绝非善主，马上跟进到1.15亿美元。杰里·巴斯也明白自己是无路可退了，只能继续跟进，1.23亿美元。湖人队再度提升了报价，**_正所谓"成功细中取、富贵险中求"，就这样，湖人队用一份天价合同锁定了"大鲨鱼"，"OK组合"有了雏形。_**

位于佛罗里达半岛中部的奥兰多魔术队建队历史并不长，从那时候的沙奎尔·奥尼尔到后来的德怀特·霍华德，这座城市似乎成了湖人队中锋的培训基地。直到今天，魔术队依旧对"大鲨鱼"的离开无法释怀，他们不理解，为什么奥尼尔宁愿选择湖人队那样的一个烂摊子，也不选择和安芬尼·哈达维搭档，毕竟那时候的"便士"是超级巨星，被誉为"乔丹接班人"。

多年后，奥尼尔在自传中揭开了谜底。据他透露，1996年，他也曾想过和魔术队续约，但当时魔术队开出的是一份7年6900万美元的续约合同，在奥尼尔看来，这是一份相当没有诚意的合同，因为即便是阿朗佐·莫宁，当时和迈阿密热火队的续约合同也达到了1.05亿美元。奥尼尔质问当时的魔术队经理加布里埃尔："大家一起共事，为何不能更有诚意一些？"加布里埃尔则表示："我们不能让安芬尼·哈达维失望，不能让你的年薪比他还高。"奥尼尔回忆说，听到这话自己的胸口结结实实地挨了一记重拳，"士为知己者死"，于是，"大鲨鱼"头也不回地选择了洛杉矶湖人队。而当年，外界解读他这么做的原因，一是天价合同，二是进军好莱坞的机会，无非是名与利。

就这样，**1996年的夏天，湖人队成了最大赢家，不仅收获了可以进入历史中锋前5位的巨无霸，更收获了成为未来20年"紫金军团"标志性的巨星。**

在此，我就先说说沙奎尔·奥尼尔吧，一来他的洛杉矶的巅峰期我没赶上，二来我驻美采访NBA接触的第1个巨星是尚为幼兽的德怀特·霍华德，第2个巨星就是才从洛杉矶转战迈阿密的"大鲨鱼"，那是他在迈阿密的处子赛季，与在洛杉矶的时候差异不大。

那是我第1次到迈阿密，旅馆安顿妥当后我直奔美航球馆。这个球馆比奥兰多当时的主场球馆——TD水屋中心要奢华，主打色是红色，这使球馆看起来生机盎然。由于有了人生的第一次——之前采访奥兰多魔术队的经验，这次，我进球馆的过程非常顺利。

热火队的训练是在中午，开放采访时间是训练结束前15分钟。我和一众当地记者被球队公关带到位于二楼的训练场，此时，训练已近尾声，每个人也开始根据自身特点进行着不同的训练。

奥尼尔在助理教练鲍勃·麦卡杜的监督下练着他那永远也练不好的罚球；这边，韦德和达蒙·琼斯练中距离跳投，负责捡球的则是球队的另一位助教、现在的热火队主教练埃里克·斯波尔斯特拉；王治郅则和迈克尔·多列亚克在不远处打着一对一，不记比分。

几分钟后，有的球员开始退场去更衣室洗澡了。奥尼尔、韦德以及当时的主教练大范甘迪等人自然是走不了，被记者围得里三层外三层。奥尼尔最有架子，几个问题过后，面无表情地来上一句："采访结束。"

然后转身就走，没一个记者敢拦。韦德最谦和，照顾到所有人，大家把想问的都问了之后，他还加上一句："还有问题吗？我可以走了吗？"

平心而论，在这个年头里，像韦德这样的巨星不多见了。但离开正规场合，沙奎尔·奥尼尔又不同，他给我的第一感觉是座山，比传说中的"大"还要大很多。晚些时候在更衣室里再见到他时，就有新印象了。"嘿，你好，古尔门！"这是他见到我后说的第一句话。只是我没太听懂后面一个词是什么，旁边的王治郅赶紧纠正："是哥们儿！不是古尔门！"

"古尔门，古尔门！"奥尼尔又学了两遍，我们一看他确实是发不出那个音，作罢。毕竟，意思到了就得了。一看他如此热情，我尝试跟他聊点别的。效果非常好，他也没了之前的架子。

"我是沙克，我是大侠，我是蝙蝠侠。"奥尼尔把这些无厘头的话挂在嘴边来回说，让人除了赔笑不知还能干吗。最后我逗他："那你做一个蝙蝠侠的动作吧。"嘿，没想到奥尼尔爽快地答应："今晚，比赛前我就做给你看看！"

他还真没失言，当晚在球场里看到我后特意摆了这个姿势好几秒，示意："你快照呀，快照呀！"

那场比赛的时间是 2004 年 11 月 6 日，他离开洛杉矶后打的第 3 场，对手是华盛顿奇才队，**他只打了 27 分钟，10 中 5 得到 13 分、8 个篮板，但以 118：106 大胜。**赛后的更衣室里却看不到状态大勇的奥尼尔。周围记者告诉我，作为老大，他肯定是最后一个从浴室里出来，果然，就连韦德都穿好衣服接受完采访准备回家了，"大鲨鱼"才磨磨蹭蹭地戴着大礼帽从后面出来，一屁股坐在那里，低沉地说："我今天只回答 5 个问题。"——他就是这么有派。

沙奎尔·奥尼尔就是这么一个多面的人，他可以在赛前和你逗不停，也可以在赛后草草敷衍几个问题后就走人。老大就是老大——2004-2005 赛季的德怀恩·韦德毕竟还没真正打出来，奥尼尔的老大地位还是非常稳固的。但撇开这层意思，他这个人确实有意思，不像大多数的 NBA 球员那般无趣。

　　我觉得这是他性格中与科比·布莱恩特的本质区别，也决定了日后他们之间的一切。

　　只是，我第 1 次与他接触的时候，他在洛杉矶的故事、与科比·布莱恩特的故事却基本结束了。这是后话了。

MAMBA
FOREVER

假如 1996 年选秀可以重来

1.　科比·布莱恩特。
实际选择：阿伦·艾弗森 / 费城 76 人队

关于科比职业生涯的那些荣誉，相信在这里已经无须赘述，无论是个人荣誉还是集体成绩，1996 年的新秀中没有人能比得上科比。不管你是否喜欢他，你都必须承认，科比足够伟大。

2.　史蒂夫·纳什。
实际选择：马库斯·坎比 / 多伦多猛龙队

2 号秀应该选择阿伦·艾弗森还是选择史蒂夫·纳什，不同人会有不同观点。职业生涯中两人都没有拿到过总冠军，但考虑到拥有 2 号签的是多伦多猛龙队，他们应该会喜欢一个加拿大国籍的本土球星。

3.　阿伦·艾弗森。
实际选择：谢里夫·阿卜杜尔 - 拉希姆 / 孟菲斯灰熊队

如果 3 号秀不是史蒂夫·纳什，那就应该属于阿伦·艾弗森了。他对 NBA 的改变是颠覆性的，让很多 NBA 的球员都相信，小个子同样有一片蓝天，而在如今的这个组织后卫盛世，很多人都是他的粉丝。

4. 雷·阿伦。

实际选择：史蒂芬·马布里/密尔沃基雄鹿队

1996 年的新秀中，雷·阿伦的总出场次数、出场时间、总得分、胜利贡献值都仅次于科比·布莱恩特，而在斯蒂芬·库里之前，谈起联盟最好的三分球射手，你总能想到他和雷吉·米勒。

5. 本·华莱士。

实际选择：雷·阿伦/明尼苏达森林狼队

"大本"沦为非选秀球员，几经波折，最终成为一代防守专家，是 2003–2004 赛季总决赛中底特律活塞队击败洛杉矶湖人队的首发中锋。

6. 杰梅因·奥尼尔。

实际选择：安托万·沃克/波士顿凯尔特人队

和科比一样，没人敢在小奥尼尔身上冒险；和科比一样，在选秀中他的波特兰开拓者队熬完新秀合同。更悲惨的是，谁都知道他有才华，但苦于在 1999–2000 赛季的西部决赛中给"OK 组合"制造巨大麻烦的球队铁血前锋太多，只能让他去印第安纳步行者队寻找机会。

7. 马库斯·坎比。

实际选择：洛伦岑·赖特/洛杉矶快船队

坎比有实力，但没有进入选秀前三位的实力，好在 1998–1999 赛季总决赛证明了自己的存在价值。

8. 佩贾·斯托亚科维奇。
实际选择：克里·基特尔斯 / 新泽西蓝网队

"OK 组合"的第 3 次总冠军之旅，2001-2002 赛季的西部决赛遇到麻烦，制造者是萨克拉门托国王队，当时的佩贾是第 6 人，后来他一度是这支球队的核心。

9. 史蒂芬·马布里。
实际选择：萨马基·沃克 / 达拉斯独行侠队

都独，但比较独的科比成于个性，而非常独的"独狼"毁于个性。最终他在中国的 CBA 重获新生。

10. 安托万·沃克。
实际选择：埃里克·丹皮尔 / 印第安纳步行者队

职业生涯的前期非常努力，出人意料地成为"绿衫军"核心并带领球队渐渐复苏，如果不是生活无节制，应该会有更高成就。"大鲨鱼"与"黑曼巴"分道扬镳后，去了迈阿密，带着这位"赌鬼"拿到了总冠军，在他挥霍掉 1.08 亿美元的薪资而宣布破产后，总冠军戒指被法院标价 21500 美元进行拍卖。

11. 谢里夫·阿卜杜尔 - 拉希姆。
实际选择：托德·弗勒 / 金州勇士队

前期毁于弱队，后期毁于伤病，时也命也。

12. 扎伊德鲁纳斯 · 伊尔格斯卡斯。
实际选择：维塔利 · 波塔潘科 / 克利夫兰骑士队

主要问题和王治郅类似，在欧洲待的时间太长。而在 NBA，前期的伤病也实在是太多了，基本荒废，后期打进全明星赛已算是奇迹，尽力了。

13. 德里克 · 费舍尔。
科比 · 布莱恩特 / 夏洛特黄蜂队

同样是被慧眼识珠的杰里 · 韦斯特挑中，成为追随科比 · 布莱恩特时间最长的信徒，算是对他的安慰与补偿吧。

注： 因为科比在首轮第 13 顺位被夏洛特黄蜂队选中，所以只重新排到第 13 顺位，后面的球员就不一一呈现了。

你好科比

天之骄子，天赋秉异，用什么样的词语去形容年轻的科比都不为过。在他身上，你可以看到 NBA 这项运动所需要的所有条件。关键是，从一开始科比身上展现出的，就有着不同于其他球员的特殊品质。似乎，曼巴精神，从那一刻开始，就已经酝酿。

我们都说科比有多伟大，但是再伟大的科比，他也有着和所有事物一样的开端。我们可以将这一个过程，称为少年时段的科比，也可以称为没有进入 NBA 的科比。但是我总觉得，这一个阶段，是科比向世界说 "hello" 的阶段。于是，将这一部分内容称为 "你好，科比"！

你好，可以说是科比在和世界打招呼，也可以说是，和所有他未来的粉丝打招呼。

你好，如今去理解，更是那么铿锵有力。谁能想到，当他以高中生身份进入 NBA 之后，会取得如此出色的成绩呢？又有谁会想到，他会成为整个 NBA 的弄潮儿。

美好的开始，就是期待巅峰的过程。科比的故事，从出生开始。但是科比与 NBA 的故事，从现在开始。

这一部分的书的内容讲述的是科比向世界说 hello，同时也有 100 多位媒体同仁的讲述。非常感谢朋友们的支持，我想科比的伟大就在与，他的精神感染着我们，助我们在工作中前行。

我和这一百多位朋友，以及所有看书的朋友们，都是受科比影响的一份子。你好，科比！故事刚刚开始。

图书在版编目（CIP）数据

科比，永不退场．你好 / 段冉著．-- 北京 : 北京时代华文书局，2021.10
ISBN 978-7-5699-4441-9

Ⅰ．①科… Ⅱ．①段… Ⅲ．①布莱恩特 (Bryant, Kobe 1978–2020) —传记 Ⅳ．① K837.125.47

中国版本图书馆 CIP 数据核字 (2021) 第 208770 号

科比，永不退场　　你好

KEBI YONGBU TUICHANG NIHAO

著　　者｜段　冉
出 版 人｜陈　涛
选题策划｜董振伟　直笔体育
责任编辑｜周连杰
执行编辑｜王振强　王　昭　马彰羚
责任校对｜刘晶晶
装帧设计｜程　慧　贾静洁
责任印制｜訾　敬

出版发行｜北京时代华文书局 http：//www.bjsdsj.com.cn
　　　　　北京市东城区安定门外大街 138 号皇城国际大厦 A 座 8 楼
　　　　　邮编：100011　电话：010 – 64267955　64267677
印　　刷｜小森印刷（北京）有限公司　010 – 80215073
　　　　　（如发现印装质量问题，请与印刷厂联系调换）
开　　本｜710mm×1000mm　　1/16　　印　张｜12　　字　数｜194千字
版　　次｜2022 年 1 月第 1 版　　印　次｜2022 年 1 月第 1 次印刷
书　　号｜ISBN 978-7-5699-4441-9
定　　价｜248.00 元（全五册）